大成拳法要

于鸿坤 著

「基础篇」

九州出版社

图书在版编目（CIP）数据

大成拳法要．基础篇／于鸿坤著．—北京：九州出版社，2020.12

ISBN 978−7−5108−9693−4

Ⅰ．①大… Ⅱ．①于… Ⅲ．①拳术 Ⅳ．① G852.1

中国版本图书馆CIP数据核字（2019）第205263号

大成拳法要．基础篇

作　　者	于鸿坤　著
出版发行	九州出版社
地　　址	北京市西城区阜外大街甲35号（100037）
发行电话	（010）689921190/3/5/6
网　　址	www.jiuzhoupress.com
电子信箱	jiuzhou@jiuzhoupress.com
印　　刷	北京彩虹伟业印刷有限公司
开　　本	787毫米×1092毫米　16开
印　　张	15.5
字　　数	101千字
版　　次	2020年12月第1版
印　　次	2020年12月第1次印刷
书　　号	ISBN 978−7−5108−9693−4
定　　价	58.00元

★ 版权所有　侵权必究 ★

王芗斋先生桩照

王选杰老师波浪试力

王选杰老师伏虎照

薛颠先生拳照

宋铁麟先生拳照

常志朗先生伏虎桩照

鴻坤仁弟屬

大漢孤烟直
長河落日圓

己亥 啟銘永書

松生窟谷對奇巖

塔立雲端向河漢

己亥 諸錫元

目录

第一部分　什么是大成拳与大成拳入门

大成拳的法脉渊源 _ 3
大成拳体系的基础——立足于空性，以用为练 _ 7
以"用"为练的两步功夫 _ 9
桩的类型 _ 11
养生桩的由来 _ 11
大成拳入门的难点 _ 12
大成拳的理趣 _ 14

第二部分　伏虎桩

第一讲　拳与生活不二 19
用不对抗的心练实战拳法 _ 19
用着练的方法 _ 20

第二讲　形神关系　23
　　站桩的两种入手方法 _ 23
　　以神意为主练神意 _ 24
　　以形入手练神意 _ 25
　　形神具备 _ 25

第三讲　伏虎桩的方法与境界　28
　　伏虎桩的两种站法 _ 28
　　具体练习方法 _ 29
　　站桩的两重境界 _ 31

第四讲　学出来的是假的，练出来是真的　35

第五讲　答弟子问　40

第六讲　示范讲解摘要　44

第七讲　进入觉知、澄明的状态　46
　　空和满 _ 46
　　敛和放 _ 47
　　遵循原则，放掉概念 _ 48

第八讲　自身完整　51
　　练对的几个步骤 _ 51

　　　　　自身完整的条件 _ 52
　　　　　看气的功夫 _ 55

第九讲　学习方法与"中"的运用　58
　　　　　两种学习方法：果地觉、因地用功 _ 58
　　　　　各种境界的"中"及其运用 _ 59
　　　　　实战最大的障碍是什么 _ 62
　　　　　从六根入手，让神气显现 _ 63

第三部分　试力基础及波浪试力

第一讲　试力的基本内涵　69
　　　　　试力是什么 _ 69
　　　　　试力的三个层面 _ 70

第二讲　从波浪试力开始体认意力　71
　　　　　试力需要具备的身体条件 _ 71
　　　　　试的是什么力 _ 72
　　　　　试力的关键——静有动机，动有静迹 _ 73
　　　　　波浪试力要点 _ 73

第三讲　练自己的试力　76
　　要练自己的试力_76
　　弄清比喻的性质_77
　　"起落"和"聚散"_77

第四讲　波浪试力深化——身在先，手在后　78

第五讲　意和力　82

第六讲　"大身"的建立——根与节、以手运身的原理　86

第四部分　降龙桩及技击桩

第一讲　立意与感知　93
　　复习伏虎桩——伏虎桩与降龙桩立意的不同_93
　　古人的练法_94
　　大成拳是感知的拳法_94

第二讲　降龙桩要领　98

第三讲　实践体会桩法演变，并了解中国武术的概貌　100

第四讲　桩的类型与浑圆之意　103

第五部分　钩挫试力及试力层次

钩挫试力的要领及心法 _ 109
试力的三个层次 _ 110
为什么说试力是最难的、最关键的功夫 _ 112

第六部分　摩擦步

第一讲　从神意入手　117
以果决行，贵在传神 _ 117
重心的转换、神意不能断 _ 118
通过意体培养精神，精神改变思维 _ 121

第二讲　站桩、试力、摩擦步的进一步深化　123
立禅站桩、试力以及摩擦步之间的联系 _ 123
更精微、深邃的练法 _ 123
培养意体在动当中的妙用——方法与机势 _ 125

第三讲　摩擦步练习指导　129

第七部分　推手、发力、断手

第一讲　**原理与心法、难点与魅力**　133
　　在实践基础上再谈大成拳基本功的原理和心法 _ 133

第二讲　**承接**　136

第三讲　**发力的基本内涵与要义**　142
　　蓄意 _ 142
　　自身发力与身外发力 _ 144
　　发力的自身基础 _ 146

第四讲　**大成拳发力的形式与初步训练**　149
　　大成拳发力的两种形式 _ 149
　　自身发力的练习方法一：舒放的发 _ 150

第五讲　**练习发力的重要原则**　152

第六讲　**发力的几种划分及练习步骤**　154
　　附：课后发力练习点评摘录 _ 157

第七讲　**推手的训练方法**　166
　　神接意打 _ 166

以"中"的状态去用和练 _ 167

第八讲　体认发力与基本功的再次深化　169
　　各种拳术的力量与真实的发力 _ 169
　　大成拳的发力的实质与深入练习 _ 171

第九讲　用与练　176

第十讲　用功的方法——次第不同，用意不同　182

第十一讲　再谈大成拳是什么　185

第十二讲　以静制动的原理与训练　187
　　以静制动 _ 187
　　把身体练空 _ 191
　　为什么要练上下步推手 _ 194
　　附：答疑摘录 _ 196

第十三讲　原理与练习　223
　　原理与能力练习 _ 223
　　原理与次第练习 _ 225

第十四讲　拳学修养的信条及生活中的练习　228

第十五讲　"面前有人当无人"的练习　232

鴻坤先生惠存

心遊天地外
意在有無間

九十六歲老人 張世英

第一部分

什么是大成拳与大成拳入门

大成拳的法脉渊源

讲大成拳的渊源、写王芗斋先生生平的人很多，大多是写他的经历等。我们今天要从法脉系统来说一下大成拳，说一下王芗斋，说一下站桩。

王老先生学的形意拳得自郭云深先生，他的入门功夫练的是小步伏虎桩。郭云深先生早期学其他拳术，后来跟李洛能先生学形意拳，那是最早期由心意拳转为形意拳过程中的拳法。王老先生早年教拳的时候，有一段时间都称自己的拳为"心意六合拳"。心意拳有一种桩法叫蹲桩，要求身体呈弓形的状态，从脖子到脊柱、腿、手臂、手掌，每一个部位都是一个弓形的状态。这个很有意思，现在很多人不大懂这个。过去有传承的人，会用《易经》的一个卦——坎卦（☵）来形容身体的梢、中、根之间的关系。拿身体来比喻，就是站到这儿，从脚和手都是往脊柱、往腰背上收敛，要归，然后脚要虚，虚踏到地上，这个手也虚着跟空气交接。这是过去的秘法，绝大部分人只是看到了形式，不知心法，心法很重要。后来在传承的过程中各有特点，李洛能先生把他演绎成另外一种法，就是小伏虎桩的法，后来又慢慢地变成三体式的法。这些桩法如果站对了都很好，难就难在不容易站对。有一些人练形意拳也站过三体式。有些老前辈们说：三体式怎么别扭怎么站，怎么能较着劲怎么站，等等，说的是要拿着一股劲儿在站，但是这个可不容易。除了站这个伏虎桩，还有一种桩叫降龙桩，如果能再站降龙桩，那情势就会不一样了。通过伏虎桩的一种直势和降龙桩的一种扭转的势，这两个参互作用就形成了对身体的另外一种层面的感知，这个感知就容易进入一个完整的状态。就是说每一个东西它都容易把人的心弄到一个有方向的状态，伏虎桩容易把心弄出去，降龙桩容易把心收回来。那站桩是应该出去还是回来呢？都不是，它是能出能回的一个状态。王芗斋先生智慧、好学，他除了有这种传承以外，他一直在追求，一直在学习。这个法脉不是一学就能得到，心要向往这些东西，要追求这些东西，才有可能真正地得到。从拳术的角度来讲，王芗斋先生认为它来自禽兽搏斗的形会其意，慢慢地演变而形成的一种体系。最重要的是，他有一句话叫"合精神假借"的法则，就是用精神、用假借统领这个形和意。

大成拳的渊源和历史，是从王芗斋先生开始的，但它又是古人的智慧，前人也曾在不同领域、不同的地方有所表述，但是王芗斋先生把它体系化、系统化了。他在规范前人各种论述的过程当中，提出了练拳的基础条件，它是超越了技术的条件，根本要求"四容五要"。四容就是：头直、目正、神庄、声静；五要为：恭、慎、意、切、和。它要求在抽象当中求真切，虚实有无中体认，求这种东西。这样一来它就和一般的站桩功夫、打拳完全不一样了。有形的身体只是个载体，载着无形的，超越身体的一种觉知。如果说有形的身体为阴，无形的觉知为阳，只有这阴阳二者成为一如状态，才是人的良知良能得以起用的状态，这才是要练的东西，这就是在拳论里，包括我们平常老讲的"中""不离""不住""不断"等这些东西；也是儒家所讲的"止于至善"的一种心境；也是《道德经》所言"居善地，心善渊"那种境界。修站桩的功夫，心到了觉知的境地，才是王芗斋站桩功法、大成拳追求的方向。《黄帝内经》讲"独立守神"，王老先生的站桩功与古人的智慧一脉相承，大成拳所言之"中"是独立守神以后的显现，独立的"独"就是不离；我们常说的"不断"都是一个意思。王老先生在不断完善的过程当中，他不断地学习，如八卦、太极、鹤拳、少林拳、密宗修法等很多东西，他的法变得越来越清晰。王老先生早期的功法是在一个以自身为主宰的状态里边，它要求身体这里应该这样，那里应该那样，训练当中对身体的要求很多，以后他慢慢明晰了"自身已具备，反向身外求"，最终，他的大成拳以中国文化、以宇宙的原则原理为根（"宇宙的原则"是王老先生拳论里的话），主要是在精神、意感、自然力的修炼，要使人与大气相应和。那个时候由于时代的局限，对一些表述不是很清晰，但是他所表达的意境、意思我们都知道。大成拳的站桩、大成拳的运行方式，就是"以天人同体之理，得日月流行之气"的方法，这是他思想上最根本的一个整体思路的练法。这超越了武术家对身体和身外训练的一种认知。王弼注《道德经》言："抱一清神，能常无离乎？万物自宾"，就是你自己这个神气是主宰的时候，你才有格物致知的能力；王阳明说"此心光明"也是一个道理——只有心无挂碍，只有心无所住的时候，你才是得中、用中的感知状态。清晰了这些的时候，你站桩的时候，就要思考了，就要用这些道理、原理来指导站桩。我们后面讲站桩的时候仔细讲。

大成拳体系的基础——立足于空性，以用为练

我学拳的时候，王选杰老师说，"理不明，见地不

明，用功越深，受害越大"。今天也重申一下这句话，这个很重要。我们常说：你要做什么事情，得清晰三个问题：你要做的是不是这个事情？这个方法对不对？能不能达到这个效果？只有这三个问题清晰了，才能自始至终不陷于盲目之中。

在练大成拳功法之前，必须要明白大成拳的原理、原则和方法，以后学起来才是在大成拳的通道里学习，否则还是沿袭自己的惯性，无论怎么用功也进入不了大成拳的门径。

普通的拳术讲究自身，讲究练，讲究技术，讲究所谓的速度、力量、反应、招式等。大成拳截然相反，大成拳是以"用"为练的拳法，它的出发点就是"用"，它的前提条件是"用"，它后面所有的是在"用"的基础上建立的一套体系，而这种"用"又不是普通的人生经验和社会阅历所能理解的一种用。大成拳立足于空性，即无我、无住、无念、无相，它是在这"四无"的状态下建立的一套身心不二的感知的拳法。它需要把自己融到虚空当中，慢慢地把自身虚化，虚化以后跟身外的虚空慢慢地连接上，这时才是大成拳"用"的开始。

"用"的前提条件是"自身已具备"，把现有的身体练成"大身"。

身体怎么"具备"呢？须从立禅入手。第一步，就是要虚化；第二步，有虚化的觉知以后，就要练大中至正的身法。这种身法要求身体和肢体之间的关系要清晰。人们常说身手、身手，身是主宰，四肢是身使唤出去的，即手脚要虚，让脊柱成为四肢的主宰。这就像坎卦（☵）一样，要归于中。为什么说站桩的时候要中正，要脚若踏空，手若扶云，就是让中正的身体能量沿着四肢弥漫而出。"自身已具备"，具备了基础的身体觉知以后，才是练习大成拳真正的开始。

以"用"为练的两步功夫

以用为练的第一步是心意功夫。心意功夫又分为两步。

心意功夫的第一步叫"无中有"。古人练习的方法是：距一棵树或者一堵墙有三五米远，手抬起来，用手的无形延伸抚摸着有形的墙壁或者树木，在做这个动作的时候，身体的"中"不能丢，是那个影子出去做这个事情，古人说是"用意不用力"，用意识做这个事情。做这个事情的过程当中，就形成了很多心法，比如要有收敛之意，你手往前伸，身体还有回收之意，才能"形不破体"。这就是用完善的身心来做这个事情，这就是所谓的用意、用身体的火候，就像《庄子》中庖丁说的："臣以神遇而不以目视。"这就是大成拳的技击和一般的武术技击训练的根本不同。

这一步功夫有感觉以后，就要把这有形的墙壁观空，无形延伸的手臂要过这个墙，这第一步功夫"无中有"，就是身体的延伸变成"有"。

心意功夫的第二步叫"色即空"。"无中有"之后，要延伸出去，要让前面的阻力不是阻力。

以用为练的第二步功夫叫"身动起相外"。身体的动是外边动的感知，手脚的动是身体激荡产生的动，手的每一动的火候是欲左先右，欲右先左，欲上先下，欲下先上，是与身外的整体相应完成的。

桩的类型

基础的桩有：指天划地桩、金刚桩、摇桩以及各种养生桩等。

大成拳的桩有：伏虎桩、降龙桩、浑圆技击桩，还有一些特殊的桩。因人不同，因用不同产生的子午桩、穿脚桩、鹰桩、托宝贝桩、金刚桩等。

养生桩的由来

大成拳本身是以拳立意的，古代练拳的人，很少懂得养生，明清之际才有一些拳派武术与养生并重，但仅限于个别拳术。我过去跟很多老先生学过拳，其中有一

个很有名的师父。有一天晚上要睡觉的时候，我腿有点儿困乏，我就揉了揉脚心，他问我："你在干吗呢？"我说："我揉揉涌泉穴、足三里，让腿、身体的疲劳缓解一下。"他觉得不可思议，他说："这能缓解吗？这有作用吗？"在他练拳几十年的过程中，他从来没有意识到养身体这点，很多老拳师都是这样。王芗斋先生是特殊情况，1949年之前他跟一些军阀政要或者文人墨客在一起，有些人身体弱。他就用方便之法，把拳的技击性和阴阳虚实的练法给去掉了，这样，站桩就回归到对身体五脏六腑、经脉、气血觉知的一个境界里了，这就是大成拳养生桩形成的因缘。

大成拳入门的难点

20世纪50年代，王老先生在中山公园、劳动人民文化宫、广安门医院，河北和天津等地教了一部分人，都是以养生桩为主，即便是有人学拳法，也是从养生桩开始。在这个过程中他也教了一些拳法。

当时可能由于时代的局限性，他们练拳法还是以自我为主的拳法，就是自身加意念的拳法，而不是把自身变成意体的拳法。这个很重要。比如"身动起相外""无中有""色即空"等，都是让人进入一个真正的、心性的、理解的通道里，就是转变了通道，进入这个通道才能练拳，否则容易练成自身的拳法、自身加意念的拳法。

大成拳立足于空性——即无我、无住、无念、无相，它是在这"四无"的状态下建立的一套身心不二的感知体系。入门之难就是分不清"什么是有我""什么是无我"。

有念和无念很不容易清晰。我们常说"身动起相外"，就是与外界相应的动，不是自己主观的动。还有一句话是"法现无念中"，无我的才是无念的。大成拳难练，因为大家练的时候通常都是由自我出发练的。

初入门练习的时候，以自我为中心没问题，一直这样，就是有我有敌的拳法了，就不是大成拳了。拳论里说"悠然水中浴""如醉如疯痴"，就是不执着于自我的

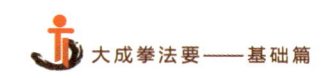

一种状态，在这种状态里才不是主观的。有些人学这样的状态，是主观地模仿那个自然的状态，而不是自发的，自己认为是，但那不是。

拳论讲"神犹雾豹气若灵犀"等等，都是讲神采的，都是讲神意的。王芗斋老先生的弟子、我的师父王选杰老师跟他有相应。如果练习拳法还没有脱离自身，虽然是离开自身，但还是以自身为主宰。就不是大成拳。大家多看看拳论，有时间多站站桩，也许哪一天就豁然开朗了。

大成拳的理趣

我们有幸能学到这个拳法是因为我的师父王选杰老师，他智慧过人，并且得益于他的家学。他出生于书香世家，从小学禅访道，各种功夫的修炼都没断过。王芗斋先生很喜欢他，经常在教别人的时候有意无意之间让他感觉到其真正的含义，别人理解不到的含义，他瞬间就感觉到了。他感觉到了，也学到了。但是他在教人的时候也很无奈，用他的话说："我教你的即使不是大成拳也比别人厉害"，他的意思就是你可能学不了大成拳，他是降一格来教，学不了就再降一格，本来是神气的拳法、意的拳法，最后学成了劲道的拳法、形体的拳法，各种气势和动作组合的拳法。这已经很好了，但不是大成拳。后来我有幸跟他学到他想教的拳法，我们在一起的时候常常感悟，王老先生所谓的养生、技击、理趣，真正能学到的人就和这个理融为一体了，没有这个理是永远学不到的。所谓的理趣就是王老先生想说养生、技击、修道。

第二部分 伏虎桩

第一讲　拳与生活不二

用不对抗的心练实战拳法

练大成拳最容易犯的错误就是"有所住"。很多人把心放到技击上,因为大成拳技击性太强了,很多人都想厉害,都想练得凶猛一点,所以会以对抗的心去练。

我们前面讲的是中道行拳,以中用中,把自己融到虚空当中去练。大成拳立足于空性,建立在无我、无住、无相、无念上的拳法。我们在练的时候,第一条就是要以无对抗的心去练。我反复地说这些东西,就是因为一练伏虎桩就容易产生对抗的心,但是还必须用没有对抗的心去练实战拳法。

怎样才能不对抗呢?古人的传承就是"拳拳服膺",在生活当中练、用。所谓生活当中的练、用,就是你遇到任何事,你说是练呢还是在用呢?都是你心法要跟对方相合，无念相合、控制等，这是把生活当成练拳了，生活就是练拳。这个很重要，一定要把心收回来听这些东西，而不是马上就要想学伏虎桩，这是第一步。古人讲"拳拳服膺"，就是生活当中行住坐卧时时不离拳意。

第二个功夫是：把实作看成生活。就是你当真有功夫了，要用的时候，你要跟人作拳的时候，把作拳变成生活的一部分，生活作拳不二，这样一来胜负、输赢、面子、恐惧都没有了，因为不以一时一地的成败得失论短长，它本来就是生活。

那你长期这样的时候，身内身外都有觉知了，这个时候就没有生活、作拳、实作身内身外分别了，你都有觉知了，就是来什么应什么，想做什么是什么，是那种状态。

用着练的方法

我们现在再说用着练的方法。用着练的方法有三重境界。

第二部分　伏虎桩

第一重境界是建立主宰的概念。站桩的时候，手臂、腿脚是肩、背、胸，腰、胯、裆的延伸。北方人讲就是，你手臂是肩、背、胸使唤出去的。使唤，就是不是它做主，是肩、背、胸在做主。那腿呢，是腰、胯、裆在做主，腿也是腰、胯、裆给它使唤出去的，使用它。这是一个概念。要建立这个主宰的概念：肩、背、胸、腰、胯、裆是手臂和腿脚的主宰。

这是用着练的方法，你先明白"拿主宰用四肢"，这就是开始用了。用着练，慢慢地这个熟练了以后进入第二重。

第二重境界叫"敛着放"。就要有点儿收劲，一边放着一边收着，就是你用身体把手臂和腿脚放出去了，但是好像那个芯子里边，有一个芯儿给收着、拉着，我们叫"敛着放"，就是含着收敛之意放出去。放的时候不能完全不管不顾的放，而是一边放着一边还要敛着，这样一来自身的完整就建立了，用自身的完整跟身体以外、跟虚空再联系起来。前边说跟外边、虚空连接只是个概

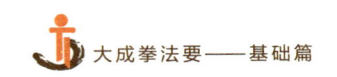

念，现在就会了。你自身得完整，拿一个完整的身体跟外边连接，完整的身体就是有主宰的、有放的、有收的。

这个"敛着放"的方法是：以脚趾抓地开始体认。你站在那儿，脚要有抓地的意思，但是这个只是抓地的"意思"，你要敛什么东西呢？敛的是那个意思，脚要把实地抓空、用空，你要让这个有形的大地变成空的，你要把它看成空的，你脚是抓了个空的东西，我们老说"站桩脚抓地的时候要把地提起来"，提，就在这样体现。

然后手把虚空用实。伏虎桩的手，就是要把这个空气给它握实了、扶住了、按住了、拿住了。你要做这两件事情：脚把有形的地弄成空的，手把无形的空弄成实的。

现在说第三重。随着功夫的增长，要离开这个"空"和"实"，这样一来自身就解放了，就不存在虚空是空的还是实的，大地是空的还是实的了，你慢慢地就要超越。那"练着用"就是以练的心态，这个时候就能体会到老拳谱讲的"相对如婴儿，举手不能逃"，这就是老先生讲的"力合宇宙，与天地等同"的精神状态。

第二讲　形神关系

站桩的两种入手方法

先看几幅照片。大家先看，先感受，你自己有什么想法自己记住。

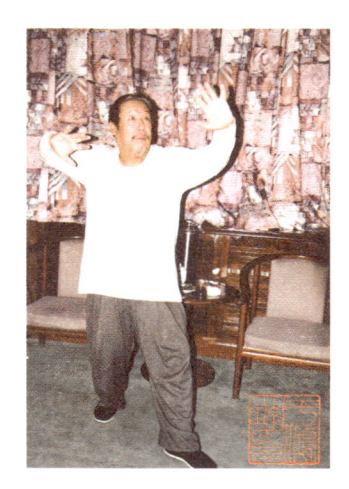

王选杰老师伏虎桩照

注：本书中所有王选杰老师照片、常志朗先生照片均由王选杰老师弟子于鸿坤先生提供。

我们说站桩有两种练法，比如说伏虎桩，你是从伏虎的表象来练呢，还是从伏虎的时候需要具备的神气来练呢？这是两种练法。

以神意为主练神意

你看王选杰老师的伏虎桩，每一张都很典型，我选了其中两张。他的伏虎桩都是一以贯之的，都是有伏虎的神气，而不是做出一个伏虎的形状。他的伏虎桩既有神气，也有间架，也有自身从头到脚贯通的中气显现。

如果练伏虎只是人为的想法，身上没有那种结构，就会没有支撑这个意的能量。

伏虎桩要练的是什么？是用神意、练神意，就是练欲要伏虎需具备的神气。

以形入手练神意

我们刚才说的是以神意为主的练法。还有一个伏虎桩是王芗斋先生早期教人的练法，是以形入手，以伏虎的表象来练，但用的是神意。有些人落到形里边就不出来了；有些人知道这是以形入手，练的是神意。

这两种练法入手处不同，后一种是以形入手练的是神意，前一种是以神意入手练神意。

形神具备

完美的练法是"形神具备"。形神具备的时候，产生的桩形变化就是神气的变化，是意念的变化，就是形意拳讲的"以意象形"了，你所有的形状，只要意是对的，身体跟得上，所有的形状都没有问题。

练形求意的练法，必须形要有合理的间架配备，再有变化与运用，神气要布满、布到，这是从形到神的次第。

那为什么有"从形到神"的练法,又有"从神到形"的练法呢?因为大成拳实作有两个阶段的状态。早期的实作方法是,精神放开了以后的使用,是你打你的,我打我的,因为他自身浑圆阔大,精神饱满,结构完整,就很少有人能破了这个间架结构。如果间架不散,步法不乱,就不容易输掉。大成拳后期的拳法是感知的、控制的拳法,是拿着劲、摸着劲、听着劲练的拳法。早期的是自我壮大的拳法、自我无敌的拳法;后期的是"用的控制""用的感知"的拳法,所以就形成了两种训练方法。

这样一来就很清晰。站桩的时候,有些人是这样站,有些人是那样站。我们从理论上清晰了以后,就可以根据自己心的状态选择练习的方法。不管哪种方法,从形到神,还是从神到形,最后都要归一。

由于理解不一样,虽然是以形入,但是理解的过程当中,神意用的程度不同,桩式的变化也不同。王老先生说"但求神意真，何须形骸似"，就是神意对了就对了，但是他又说了一句话，"形都不似，何谈意乎"。那你反复斟酌，那就是神形都得对，不管从形入手还是从神入手，神形都得对。

　　神形都对的方法是，手臂和腿脚都在感知身外，用身体来感知手臂和腿脚，这样一来自身和身外都完成了。手要有扶空气之意，把空气扶实，脚要有轻抓轻提之意。那手臂和肩、胸、腿、脚、腰、胯之间的关系呢，老前辈说，"大成拳用劲的关键是肩胯"，就是手臂和腿脚一定是肩胯把它运用出去的，手臂和腿脚是身体的工具，清晰这件事情，慢慢地越来越熟练就好了。

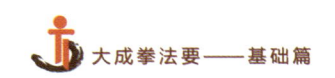

第三讲　伏虎桩的方法与境界

伏虎桩的两种站法

伏虎桩有两种站法：第一种是"拥着练"，是用空的练法，就是把自身的身体和虚空要融为一体，主要在身；还有一种练法是"摸着练"，是用实的练法，主要在手，要把空气摸实的一种练法。"拥着练"的原理是，用空间把对方化到无对抗能力的状态。"摸着练"的原理是，用机把对方交给空间，交给这个落不到实处的状态。

过去王选杰老师用的是第一种练法，常师教我的时候用的是第二种练法，可能是因人不同的传授。据说王芗斋先生说他要培养一条龙，一只虎，就是要把常师培养成龙，要把王选杰老师培养成虎。

"摸着练"，劲快，就是机很严密，只要摸着，对方就跑不了了。"拥着练"，要气大、势大，要把空间布满。

实际上是两条途径，到最后是一样的。《拳论》讲"得机得势"，缺一不可。这两个都是入手。王芗斋先生讲的是超越这些东西，能用实、能用空，能达到这两个互相转换的时候，就能在实作当中任运自在。伏虎桩的这个原理大概就说完了。

具体练习方法

现在我们说练习当中具体操作的方法。操作主要是脚、膝、胯，还有肩、肘、手，这是运用的工具。拿什么运用呢？以身运之。

脚的位置，后脚与身体侧35°~45°左右，前脚要探出去，扒着地，前腿膝盖要往前顶，后胯要有提的意思。这个时候，胸要往前拥一下。不管是"摸着练"还是"拥着练"，这个时候胸要拥一下。拥一下以后，肩膀自然就横起来了。"肩撑肘横"——这样对上肢的要求就有了。胯要掖一下，要藏，把胯掖住。掖住胯以后身体容易斜，

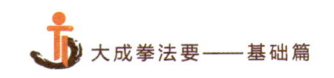

把身体再往正摆一下。古人叫"步斜身正"。步斜身正的作用是什么呢？就是通过步斜身正这个要领，身体的前后左右上下就合了。

刚才说了这么多要领，很重要的是，心要松，意在虚空，大海意如所有的要诀、口诀都是有形的身体在无形的意的里边运用。实际上是身外的意在动，撑、横、顶、扒、掖这些东西都是身体随着那个意在做这个事情，意在先。

做到四肢的要领以后，慢慢地要把这些意识归到脊柱和腰上、肩背上，就是我们说要归到中爻，就是坎中满，也就是四肢要归中。四肢归中的时候，肩胯还得断开。做这些动作的时候，肩胯是松活的，只有肩胯是松的。然后一个整体的中就有了。整体的中还远远不够，我们要处处归中，四肢各有其中。肩胯断开以后，肘就是手和肩的中，膝就是脚和胯的中。要把这个再深化一下，除了身体是四肢的中以外，腿脚和手臂各有其中。无论练势入手的桩，还是练机入手的桩，这些要领都是一样的。

练习方法、要领再明确一下。站桩对形正确的原则就是：步斜身正、似曲非曲、似直非直、似起非起、将展未展，也就是逢节必顶、逢曲必夹。节那个顶就是中文，只要一顶，就把它拉开了。那身体怎么顶呢？肩撑肘横，肘可以顶，把手放虚，把肩放虚。手臂这样容易理解，身体呢？身体要肩胯断开，把手臂归到身体。实际上所谓的顶就是整个身躯在一个控制状态，把四肢散出去，这是非常重要的一个要求。就是脚是身体探出去的，而不是身体压在腿上，不是像房子压在柱子上那样。

站桩的两重境界

站桩有两重境界。

第一重是由身体把脚给用出去。前脚，要有扒的意思，膝盖要有顶的意思，胯要有掖的意思，这样膝就成了脚和胯的主宰了，就是脚和胯的中。身体每一个部位都是归中，归中这样的一个结构，形成了一个整体归中的原理。

　　再说一下重心的问题。用身体把脚探出去、把脚放出去，这个身体是主宰，还要能活，这个时候，两个腿、胯要有往上吸的意思，就跟站桩的时候手心要有往回吸的意思是一个道理，但是手臂还得伸出去，这样一来身体就有收敛之劲了。有收敛之劲，身体就变成一个主体，而不是像柱子一样埋到地里然后在上面再盖房子，要是这样，身体就做不了主，就不能动了。《拳论》里讲"动若山飞，静似海溢"，它不是扎根，不是死，是静中寓动那个静，就像海水要溢出来一样，是这种静。动是那个整体，就像山一样那个整体。形意拳讲的是"动"，太极拳讲的是"静"，都是这样的动静才是对的。你要动若山飞，你身体必须是一个整体，这个整体能动，而且是能离开地面而动，能飞的动。静似海溢，它是浑圆之体的、整体弥漫的，有动机的静。

　　知道这个原理了，咱们再说站桩的另外一重境界。

我们现在练是把重心放在两个腿之间，不一定是中间，也不一定靠前，也不一定靠后，就是两个腿之间，可以调整身体的得劲、舒适得力。有些人觉得不过瘾，他需要加强功夫的，他把重心慢慢地往后移，移到跟后腿重叠了，这个时候前腿前膝盖必须再往前顶，脚扒住，才能保持这个平衡。

理解了这个，再往下说，就是重心由两脚之间慢慢地移到后脚，这个功夫越来越大，古人还有更厉害的，他把重心移到后腿再往后，就离开两腿之间了。像这样站，一般人站不住了，过去练形意拳的老前辈，据说郭云深老先生他离开身体一部分能站住，离得再多他就把前脚插到门槛底下固定住，这样才能拉着站，他是把全身的筋骨和神气归一的一种练法。我们现在这个时代用不着，如果年轻的、想练出点儿名堂的人，需要看着练。

刚才说了些原理和方法。我们要懂得这里边的事情就要知道机和势，神意要清晰，清晰以后才知道需要练的是什么。神意是用形来完成的。王老先生说"但求神

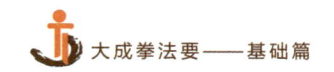

意真，何须形骸似"。后来他发现有些人在练的时候形的基础都不够扎实，他又说："形都不是，何谈意乎？"所以形、势都得具备，形是形势之形。这就是为什么我们要反复说，"有形的功夫"和"神意的功夫"，就像写字"气韵生动，又要不失法度"，就是这个意思。

第四讲　学出来的是假的，练出来是真的

我们经常说要"用着练"，就是练的时候要有用的意思，这样一来立禅就有无限的可能，它在生活当中就有大用。伏虎桩也一样。机和势的整体就变成了自身和身外的一个用的练习。对自身而言，要知道中枢和四肢的关系，中枢会用四肢，然后把四肢和中枢作为整体对外，感知着用。

有些人学习的时候不清晰，他就提出了好多问题，比如说伏虎桩与撑抱桩的关系，手是抬高呢还是放低呢？前后矛盾呢还是均衡？这样那样的问题很多。还有就是看到老前辈们的照片以后受到影响又提出了许多问题。还有人发给我王选杰老师和常志朗师父的照片，让我看，说这个手不一样。现在我们要明确一个概念："学"和"显现的"不一样。我们现在是学，学就要中规中矩地学，

学进去以后，你可以在形上有所变化。这就跟写字一样，你刚学的时候跟学到一定程度再写是不一样的。所以，明白这个道理就不会纠结谁谁谁怎么站啦，我们怎么这么学？就没有这个问题了。

先要练，练的过程掌握它的精神、实质，这样一来也就知道了伏虎桩涵盖撑托、撑抱等一切桩。所谓的撑托只是局部的技术和特质。明白了这个道理以后，也就明白了"拥着练"或者"摸着练"也都是练伏虎桩的一个过程，都是入门的方法与方便，到最后都没有这些东西了，这只是一个入门的通道。只有这样，你身体才能入进去，身体才能周遍，才能是所谓的炸力，才会有全身如弹簧的感觉，才会是既有感知力又有功夫的机势的整体，然后就不执着于法。没有这个概念，它本身就是了。

古人所谓的"一触即发"，就是力量周遍，炸力无断续，就是精神笼罩，都是没有概念、没有具体的技术才能产生的结果。但我们现在需要基本的姿势入进去，这样一来对桩就要有一些要求：两个手要均衡，拿起来左右手几乎是一样的，只不过身体拧过来，步斜身正（所谓似斜非斜似正非正），然后前手不能挡住视线，你要把胸中神气显出来，胸跟外边交接，而不是又站到一个形的拳法——前手如盾，后手如矛的那种站法，那是均衡产生的结果，运用的结果，那是一个显现。有些人那样显现，还有人是别的显现，都不一样。这是你看到的一个显现，还有你看不到的显现，还有你不懂的显现。把这个弄清楚就会练了。

好，再说这两幅照片。

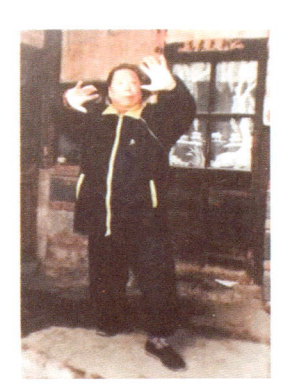

王选杰老师桩照

第一幅是王选杰老师的照片，你看他那个就是一团气，他没有技术，但是他都对，所以不能按照他这样练，你先按照咱们的要求，把那个整体的机和势练出来以后，你喜欢谁就变成谁了。

常志朗先生桩照

常志朗师父这幅照片，他教人的时候经常说拉开架势。常师摸人的感觉是王芗斋老先生弟子里边数的着的很好的，他摸着人，一般都跑不了。

站桩到一定的状态，第一就是"用着练"，要知道机和势，就是你站什么桩，试什么力，要配合着练，这路子就越来越清晰了。古人把这几个层次叫"会、对、好、妙、逸"。就是对了以后要用功夫，有功夫那种神气。你看王选杰老师的照片，不说他技术在哪里，他全身都是那种不能碰的一个状态。但是你不能这样学，你学出来是假的。常师第一次跟我说的就是："王先生说：'学出来的是假的，练出来是真的'。你看别人好，不能学那个，你要练成那样。练就要有规矩，从规矩入手，才能练成那个样子。"有些人可以不规矩，六祖慧能可以，我想大家都不是。

第五讲　答弟子问

仁义行，还是行仁义呢？孟子的话说是"仁义行"。就是你有仁义之体，以此体发出的言语举止都是仁义之行，如果你不是这个体的话，你想行仁义，那多费劲啊。

我们修炼的时候，还有一句话叫"不杂染"。"不杂染"才是通。"不杂染"是无所住的心。"不杂染"才是无相。"仁义行"和"不杂染"这两个都是境界。

《道德经》讲的"上善若水"也是这个境界。就是有水的属性，而不是做成水的样子。这样一来"居善地、动善时、心善渊"，都是属性的显现，而不是装出来的。这些都是我们普通人不容易达到的境界。常人生活在对待、对立的一个执着的、有相有形的思维里边，在这样的一个通道里边，站桩练拳都是用劲、有意的一个状态。站桩练拳怎么才能达到"仁义行""不杂染""上善若水"这三种境界呢？就是王老先生说的，"周身无一处着力"，形式要简单，在简单里边找到丰富。这才是入手的方法。

站桩第一条就是要树起精神，进入神意的通道里，把身心放掉，把精神、灵机站出来。站的是自然本能的活力，站的是机势的运用，而不是在练身体、肌肉、骨骼或者是形状。很多人不明白这个理，就很容易练偏了。

万事万物都有方法，都有入门的通道。桩的境界不同就形成很多层次不同的站法，很多通道，但是要达到我们说的"不杂染"，就是让致人而不致于人的本能显现，让自然本能的活力显现。这样的桩对身躯和四肢有要求，手臂腿脚是身体用出去的，身和四肢的关系是君臣关系。这个一定要弄清楚。具体来说就是：上肢——身是手臂的根，再延伸一点儿说，肘臂是手的根；下肢——身是腿脚的根，膝、腿是脚的根。我们说，中爻要满，那就是身是满的地方，是根。那肘就是肩和手的根，要满。同样的道理，膝、腿是脚的根。这样君臣关系建立了以后，慢慢地随着日久功深，所谓的浑圆之气就越来越饱满。那明白了这些道理的时候，我们追求站

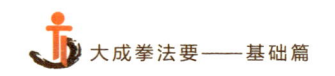

桩的通道就打开了。

我们在站的时候，有人问伏虎桩能不能左右交替着站，这应该就不是问题了。还有人问每天站多久？你在这个状态里边你要巩固它，你要让它强大，你时间越长越好。你在没有掌握伏虎桩的时候，恢复桩也可以练，都没有问题。所有的桩都是一样的。刚才我们说了身和四肢之间的关系，然后又说了神意运用的方法，这样一来，桩就是一个运用神意的形式，所不同的是你的神意用在什么功用上，这是不同的地方。伏虎桩和恢复桩，就是大的以及气势的趣向不同，其他没有什么区别。动作要领是根据姿势的不同而有所调整、变化，这都不是问题。你明白这些道理的时候，你还要问站这个桩站那个桩怎么分配时间？还要问身体哪个位置的关系啦？自己可能就会明白了，这些都不是问题。

还有人问恢复桩、伏虎桩、降龙桩、浑圆桩修炼的目的、异同、修行的次第。咱们现在就是有次第地往下讲，往下学，有些还没有学到，有些是学过的，过程当中慢慢地就会明白。还有其他的一些问题和桩照，我现在发一些视频大家对照、参照着学习，看自己什么地方合适什么地方不合适，拿一个基本的原则、原理、要领做准绳，看自己能不能清晰地认识到。

　　身体的外形大概就是这样。我们前几次都讲了神意的运用，慢慢地神意和外形都融为一体，慢慢地神意就统领了外形，形意拳讲就是"以形求意"，就是通过这个有形的身体把那个神意要练出来，练出来以后才能"以意象形"，神意才能成为君，骨肉才能成为臣，这样一来日久功深，慢慢地就渐入佳境。

第六讲　示范讲解摘要

　　身躯是一个挺拔的状态。挺拔的时候，胸部要有往前迎的感觉。这样手推的时候才能顶得住，才能与外力相和。

　　空胸而出，但是不能挺胸，气息还在小腹及全身。

　　肩胛要有往中间收的意念，收肩膀。

　　有些人背是圆的，这是偏面的。身躯从肩膀这儿可以断开，只有断开的时候身才能用手臂。

　　身躯和腿之间的关系。身躯是一个总持，身可以把两个腿提起来站，而不是身躯堆在脚上。前面膝盖有顶的意念，后边的胯要掖住，含的时候，后边膝盖往里稍微合一点儿，就跟前面的膝盖对应了，这种状态也是身躯在控制着两条腿，不能把这个状态丢了。

　　手是抓握东西的手型，然后放开，手是这种自然状态就对了。

肩胯不能跟身体形成僵劲，它一定要分清楚，它是一如状态，而不是一个的状态。这个要领会。身躯是主宰，手臂从肩膀松开，肩撑肘横时手腕要松开。手腕松开，把肘臂和手腕之间的君臣关系就体现出来了。胯松开的时候，以膝盖前面顶、后面提的状态就把脚踝关节松开了。全身在一个又松又连接的整的状态，但不是铁板一块的整。那样的整就僵硬了，就不能"用"了。

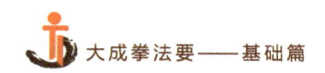

第七讲　进入觉知、澄明的状态

空和满

王选杰老师这个照片，是一个整体的满的状态，这个状态是神气、气息饱满大于形的状态，就是形在感觉里的一个状态。

王选杰老师桩照 　　王芗斋先生桩照

王芗斋先生的照片，他没有形，是外在状态、是

空，跟自己一体化。这两个状态都是很高的境界，是不二的。

满是怎么形成的？怎么才能满？怎么练才能满？身体把手脚放出去，而不要用脚杵到地上，让身体堆压到腿上，不能这样！如果腿脚不是身体使唤出去的，那么这个脚就要承担身体的重量，就不是感知的拳法，就是结构性的拳法。这个理要清晰领会！

王芗斋先生的照片，如果光看这个形状他是不堪一击的，但他这个形不是他的本，他的本是这个形可以随时融到虚空当中。王选杰老师那个形是随时可以领动虚空。这就是"以天地虚空为自我呢？还是以自我为天地呢？"这两个都是很高的境界。

敛和放

还有是"敛"和"放"。松只是相对紧而言的一部分，松和紧才形成了一个完整。那松是什么呢？就是把有形的身体给它松开、松放，让它化到虚空——就是感觉没有了，但是不能落到不管不顾或松懈当中！还须有无形的神气揽住它。就跟放风筝一样，大家都看到风筝，看不到那根线，用一个东西要揽住它，这个东西是根。我们说"敛着放"，"牵着松"，不能把它给松没了，也不能牵着不松。过去有些人练拳、练功夫，他练到自己身上了，他练结构、练筋骨，摸他的手臂跟钳子一样，跟石头一样，跟外边世界联系不上，更谈不到意了。老先生常说"意在虚空，不离自身间"，那就是"敛"要在，但同时还要"放"出去，跟外边世界发生关系，这样一来就是一个完整——自身和外在同时存在的完整。

遵循原则，放掉概念

我为什么没把一个所谓的标准姿势拍成照片给大家？我就担心作为标准了，一旦按标准练，良知良能就会失去。现在大家看有些老先生的照片，就形成了一个概念，我们要把这些概念放掉，也不落到我所教的上面。我现在说的是原则！是王芗斋的思想！那我们要注意的是什么？整体的势就是两个手一定要均匀。两个手均匀，身体就是略有正的意思，就是步斜身正，但它不是完全的正。只有略有正的意思，才容易与外界相合！慢慢地这样练，掖着胯——又合，又正，头要与后脚贯通，不能把劲道压死在后腿上，就是后腿的任何部位不能有结点，这样整体的势就贯通了。随着功夫深、道理明，慢慢地就通达了，就可以"因动成势"。你得有整体的正势，正合之势，你才有那种因动、因敌变换，正奇变换的一个势。

这就是大家在一起练时说心得的感受。现在通过见面大家就慢慢明白了，这个见地和抉择很重要。以前练不好的原因就是受别人的文字、视频、照片、说法等影响，一上手就是不知道跟谁学的了，那都是不自然、不期然地形成了！我们现在要把它放弃，归到这个轨道来。为什么古人说"法不传六耳"？就是在学的过程中不能受别人影响，而且要把别人的知见放下来才能学！先把这个学到了以后，你才有一个能鉴别、能抉择的基础，你再看别人的视频、照片，你就知其所以然了。要不然就是盲目地模仿。先不要模仿。

第八讲　自身完整

练对的几个步骤

伏虎桩这个阶段重心不重要，重要的是前面膝盖要顶，后边胯要掖，头要拎，头和后脚劲力贯通。劲力贯通，又不放弃前面膝盖往前顶，后边膝盖往里要合一下，这个很重要。这是练对的第一步，就是我们说的"会练了"。

"会、对、好、妙、逸"，是我们传承的五个次第。第一步："哦，会练了"；第二步："练对了"；第三步："练得好啊"；第四步："哎呦，真妙啊！"达到妙就很不容易了。慢慢地就是超越了妙，不参与这个妙的评判，这是最高境界，就是所谓的觉悟者不可思议的境界！

如果重心在两个脚，前脚扒不起来，就是两个脚都是由胯把它伸出去，都是踩出去的——往前踩，这样一来，

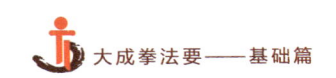

就是重心不明显。重心不明显就是很稳健、很平衡的一个状态，这个状态平衡很稳健，是由胯把腿伸出去的，膝和胯有合的意思，胯有提的意思，是伸出去的，那它就不是压到腿上的。这种练法，过去叫"静似海溢"。

这种静似海溢的练法做到了，慢慢地重心必须往后移了，于是就有了峻峭的练法——"动若山飞"。重心往后移，这胯和膝、头的这种关系不能丢，还是前脚必须有扒劲，扒住地！前面膝盖顶，要顶得更厉害！这样你重心才能往后，这就叫"动若山飞"。现在的人没有过去人下的功夫大，都在重心不明显区分的一个状态，他没有那种惊涛拍岸、山崩地裂之势那种功夫，因为都不在一个整体的动的状态，这种动量是不够的，但是不影响真正的练习，也在对的范围之内。

自身完整的条件

身体自身完整的条件是：手臂、腿脚、身体，如果按照天、人、地划分，手臂和头就是天；从脖颈到胯这一块躯干就是人；腿脚就是地。这完整的"天、人、地"的学问就是：人是主体，天地是人在任运它，而不是想当然地交给它，要想跟它合是主动的。同理，如果把人放到虚空大地之间，那整个人就是人，天就是天，地就是地，那我们要把"地"看空，脚能把地提起，手要扶着虚空，要把虚空按实了，这就是以人为主宰，而不是简单地随顺天地，这才是真正意义上的与天地相合。

我们除了平时用功夫站伏虎桩或者别的桩用这种心法以外，走路的时候先把自身关系理顺，用腰胯提着腿走，然后把身体竖直了，手臂的随动是随着身体的动，这样一来就清晰了。慢慢地再延伸，走路的时候把地要走空了，摆动的时候要把虚空扶实了，扶住了，这样慢慢地生活习惯里边也是这样，这拳就好办了！

王芗斋老先生是近代伟大的武术大师，原来只是这样一种感受，现在越来越觉得不可思议！确实很好！慢

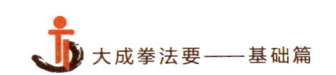

慢大家就会知道，练伏虎桩的时候，站对的一瞬间，气象就变了，神采就出来了。所以这个桩特别快，特别厉害。它快、厉害，它是双性的：它好，但好的同时它也有它的缺点。以后我们讲降龙桩的时候也一样的，那是另外一种状态。王老先生之所以伟大，他知道伏虎桩有偏颇，他就把它改成浑圆技击桩，也称矛盾桩，站的时候手心朝里。这是他一直倡导的桩。学这个桩的时候就知道天、人、地的关系特别清晰，心里那种安然、踏实、运用自如的状态是任何练习都没法代替的！

我们知道了"天、人、地"，人是主宰，练和用就变成一体了。练是为了用，所以就以用为目的来练。王老先生说：你一举一动须问为什么有此一动？我们用功的时候，才知道为什么有此一动。你拿与外相合的方法去练，那就是意在外。那谁跟外联系呢？还是我！就是不离自身，就是自身和外界、外界和自身都在一个觉知、澄明的状态里头。

看气的功夫

看气就是中气不散。中气是后天之气，很容易散了，生气就散，高兴就散，休息不好就散，散的结果就是耗你的元气。过去练功夫的时候容易上火，容易兴奋，容易出现很多情况，于是古人有个看气的方法。我师父教我的时候常说：把气看住了！

怎么才能看得住呢？就是吸气的时候吸到耻骨以下。有一句口诀叫"紧撮谷道内中提"，就是吸气吸下去以后，要恰到好处地收肛，我们说这个"紧"就是"机"，这个"机"要对，要合吸下去这个气的"机"，吸下去以后收一下，让气停一下，然后慢慢地就散发开了。第一阶段想起来了，就再收一下。先练第一阶段。把第一阶段熟练，不能当功夫练。养住了，蓄饱满了，这个时候才看，平常都不用。慢慢地看得久了就养成习惯了。古人讲"一吸一呼，息息归脐"，归到肚脐，实际上不只是这块儿，到最后还要把息练到脚上。但是又不讲究呼吸。

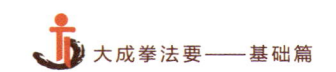

要时常觉知自己的呼吸是不是一口气。大家平常都是半口气，都达不到一口气。王老先生说：你打拳是上一步呢？还是上半步呢？你看现在的体育运动，不管他是左脚在前或者是右脚在前，他跳来跳去，他始终是半步。如果是整步，他迈左脚往前，同时右脚就跨，就上到左脚之前，这叫整步——一个完整的步。平常呼吸呢，很多人最多就到心口，有些人弱了，都在胸口。所以你要看自己，吸气的时候，能不能像口诀上讲的："紧撮谷道内中提。"

站桩跟外边接的时候，你要吸一口气，吸的同时这个肚子吸到腰上。我再说一下这个逆腹式呼吸，逆腹式呼吸的时候把肚子吸到腰上，它不是吸到胸部，吸到胸部是胸呼吸，得吸到腰上。顺腹式呼吸，一吸肚子吸大。打拳一定是逆腹式呼吸，因为呼气的时候腹部要满，呼气的时候肚子不能收着，这是挨打的拳。呼气的时候是满的，吸气的时候吸到腰。好，跟对方意识接的时候，为什么牙齿有一个缝隙呢？口鼻同时呼吸，吸下来，吸的同时接一下。接就是这个逆腹式呼吸,要提一下会阴。缓慢,就是让这个气均匀。这里边慢慢说,里面还有。底下是偶尔这样一下,感受一下就可以了。逆腹式呼吸提的是会阴,要是顺腹式呼吸,一提就提肛了。

　　把气看住,你站伏虎桩、降龙桩、练大杆子、发力等就不会出问题。否则,就是过去所说练形意拳入魔。老先生可能是保守,不讲这些东西,要不就是一些人贪功夫,光想练出功夫,你给他讲养心性的功夫,他根本就不屑一顾,实际上都是认知出了问题。知道这个很重要!如果不练拳,光这样养身体,给家里人、老人这样讲一讲也是很好的。

第九讲　学习方法与"中"的运用

两种学习方法：果地觉、因地用功

练拳、教拳、做学问、修各种法，就跟神秀和慧能传法一样，从下往上还是从上往下。我讲的时候一心想让大家清楚这个东西，就时不时地按照我的思路讲下去，可能有些人理解、学习起来有些困难。所以我就会想用我所理解的相对应的另外一种方法再讲一遍。一部分人是循序渐进的，一部分人是知道结果了，才知道为了这个结果应当怎么做，这样一来"因地""果地"就都有了，目的是让大家都学会！

我们说"练是为了用"，用的是什么！练的时候才知道"为什么有此一动？"才能从"因"上用功夫，你知道为什么这样动，才知道怎么练，这是所谓的"果地觉""因地用功"的一个方法，一个理念，一个立意！

各种境界的"中"及其运用

我们接着讲天、人、地——人是"中"。"用中"——就知道这个练的方法和原理：身体和身外这个原理。那用的时候怎么办呢？具体落实到用怎么用呢？古人把它总结成为"诚中""虚中""空中"三种不同的境况、境界。就是遇到三种不同的状态、状况的时候，都会知道那个"中"是什么，就不会乱。

大成拳的前辈们大都受形意拳的影响，在"诚中"的境界里。可是练着练着，大都落到"诚而不中"的境界里面了。为什么说"诚而不中"呢？因为他练出了身体的功夫，用的时候没有"得中"，都是在"用功夫"——用所谓的形——骨肉的功夫。那"中"是什么呢？怎么才能显现呢？就是你的神意之机要显现。即便是对敌、肢体接触，他接触的只是你的神气，你的骨肉是融在神气当中的。就像电线一样，你的神气，就是外边那层胶皮，而骨肉就是里边的那根金属线。

我们在小院站桩的时候，很多人都感觉到那种神气、那种气象。用中，就是要在用的时候，神气包含着身体在用。这样一来，形体上跟对方接触的时候，对方是在接触你的身体，你是在用那个神气、用外层那个气象跟对方交接。形意拳大概就是这样。

太极拳老前辈郝为真曾经说过：练拳第一阶段好像身体在水里边，第二阶段就好像是半身出了水，第三阶段就是脚好像踏到水面上。这老先生很明白。这样一来，他的脚和身体对外的感受、感觉，就是这种接触的感觉，跟第一层或者是普通人或者是"诚而不中"的人、有骨肉功夫的人，是不一样的。这种感受在对敌的时候，就是一个感受相应状态，而不是一个肢体处于所谓的"实中"的"实"，"诚中"的"诚"的交接状态。这就是所谓的"虚中"的状态。它可以在一个自身的外层的（太极拳讲：欲接未触、彼不动我不动，彼微动我先到）这样一种境界里边去用身外的神意和身体的结合。知道用的时候是什么？然后我们才知道练的时候怎么练。那也就是大成拳讲的，在"空性"当中建立的拳法。"空"是什么呢？就是清晰而不染、无念而光明的一个状态！处处都是神意觉照的一个状态！他的身体就是"意体""觉体"，而不是一个僵硬执着、自持有功夫的身体。

我们站桩，就是把这个不觉知的、有形的身体换成一个有觉知的、无相的、无执着的、无念的意体（所谓的觉体）。这就是站桩最大的目的！

那我们练的时候，就知道胯是怎么样、膝关节怎么样、头怎么样、腿怎么样、手臂怎么样，肩撑肘横，顶、提、掖，就是意识对自身身体的这个感受和控制，都能从站桩里面得到完善。这样一来，随着功夫增长，身体就越来越随从意识的指挥。慢慢地，身体就变成了一个"意体"。我们经常说"意体"，这种"意体"就是觉悟之体、有觉知的身体。王芗斋老先生说："三角预应""曲折有面积""整体之力""无点不弹簧""一触即发""炸力无断续"等，所有的东西都是你身体有这种感应，才有这个东西。后面我们所练的、所学的所有功夫都是用这个觉体来完成的。

实战最大的障碍是什么

按道理应该循序渐进地讲，但是知道实战最大的障碍是什么对当前的修炼很重要。实战必须打破这种循规蹈距，即便是"觉知"，也要把这个打破！要不就落到这个"觉知"里面出不来了。形意拳、太极拳、八卦掌创始人，第一代、第二代都有实战能力，后来为什么没有了？因为这个法大，大家落到法里面了，落到循规蹈距里面了，他不知道这种修炼是为了用！因为这个修炼很有魅力，人就容易落进去。内家拳包括大成拳要实战，最大的障碍是什么？就是修炼的习气和惯性！所以除了整体这个根本的基础以外，最大的灵魂就是打破节奏，它是没有任何节奏约束、没有任何规范的一个应机感应状态，这样不只是对身体有要求，对心的要求更为重要！

从六根入手，让神气显现

常师和王选杰老师给我们聊天的时候说故事，说王先生那里如果一来人，说拜访或者切磋武艺、有人想比画，我们就跟过年一样那么高兴，都想试一下。心里的那种状态，就是无杂染，就是纯粹的神气显现那种状态，没有被输赢、面子、恐惧这些东西所染。知道这些原理，我们练的时候就要从身体，从眼、耳、鼻、舌、身、意这些所谓的六根来入手。六根的根为意，意拳，意才是根。慢慢地要用这个"意"觉知身体，就要从视而不见，听而不闻，似笑非笑，似尿非尿，顶、提、掖，从这些要领里面来找。找的过程：一边找一边放；一边找，一边把它丢掉。这样日久功深的时候，身体越来越纯粹，杂念就越来越少了。慢慢地，外边也就是身外，你就会感受到特别的安静，而身内气血奔腾那种感受越来越明显；这个时候身体随时能放松、能虚化，内心那种清明、智慧增长的状态越来越明显，身心感觉特别有力量，那种东西慢慢地就越来越多了，无念的状态，无执着的状态，慢慢地就都会有了。

有些人说儒家讲变化气质、道家讲性命双修，在我们练拳这个过程当中，这些都能变成事实，都是很简单的事情。通过有形的身体各种疼痛、酸麻、肿胀，还有五脏的较劲、流眼泪、打哈欠、烦躁、喜怒哀乐等，慢慢地都最终归于"一意"统领！都不复存在了！慢慢地就能清晰地觉知到无住的状态。

今天讲这个"诚中"，也叫"实中"。"诚中""虚中"，好多人可能陌生，具体来说形意拳是以"实"为入手练习的一种拳法，它是以骨肉结构为主练习的拳法，太极拳是以"虚"为入门、入手练习的拳法。最后要用的时候，形意拳要得"实中虚"才能用，那个"中"才能显现，有了那个"虚"（即神气）才能用；太极拳的神气里边得有钢筋铁骨，"虚"中要有那个"实"才能起用，所以两种拳法都是入门的一个门径。用才是目的！所有的法都不是目的，而是手段！因为这个法太奇妙了，人就落在这个手段里面不出来。《金刚经》里说:"一切法皆是佛法。"还有一句是:"法尚应舍,何况非法?"还有一句是:"是法平等,无有高下。"说明这些法都是方便,都是为了用。千万不能落到一个具体的法里边说,"你看我这对不对啦?""你看我这是不是啦?"不能落到法里边去!

第三部分

试力基础及波浪试力

第一讲　试力的基本内涵

试力是什么

你看王选杰老师那张照片，你说他是静止的吗？他不是一个瀑拍。你要体会静止的时候含着动的机，要体会那个东西。这个机是怎么来的？要把势给拉出来。那试力是什么呢？试力就是你站桩到了一定的状态以后，身体不得不想动的一个状态，那就是，试力是站桩的运动状态。《太极拳论》里讲："静为动机""动为静迹"，动是拿这个静的整体动，像电影胶片一样，一帧一帧组成的。王老先生还说"动中有静，静中有动"，以上四句就很完整地表达静是什么东西。王老先生还说，"动静静动互为根用"，动要借助于这个静，静要借助那个动，才能完整。王先生说。"试力是大成拳里边最关键最难练的功夫"。为什么难练？为什么关键呢？关键就是因为你不试力你站桩不知

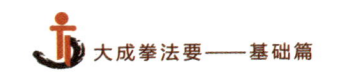

道怎么站。难练是因为你一试力就容易搞错。

试力的三个层面

第一层是动静互根的顺力逆行。练形意拳、练太极拳的人都很明显。《太极拳论》说"欲左先右，欲右先左，欲上先下，欲下先上"。形意拳讲究拉回来才能出去，就是蓄发，它是一个动静整体。试力就是试这种矛盾的统一。它难在什么地方？在做这个试力的时候，很容易就动心了，很容易把意识增强了，很容易把身上弄紧了。所以试力完全是心性功夫，不能起心动念，不能住在自身。我们常说"身动起相外，法现无念中"，这是试力的口诀。

在心性达到一定程度的时候，慢慢地就会产生站桩那种感受，与大气呼应，有无统一的状态。这是第二个层面。

第三个层面就是没有了，随便动，不想这些事情了。

第二讲　从波浪试力开始体认意力

试力需要具备的身体条件

讲试力之前，把伏虎桩再说一下。有时候觉得这个东西难学，是因为它是活的，它是变化的，它不是一成不变的。关于伏虎桩，我们说要有身体的气场，这是第一步功夫。还有一个功夫，就是要有手的触觉的灵敏性。有时候是以身作为"中"，有时候是以手作为"中"。现在我们主要讲的是以身作为"中"的一个练习。民国时期的老前辈们，不管是练形意拳、太极拳、大成拳都有这种说法：身作为"中"的练习就是在以身运手，手作为"中"的练习就是以手运身。试力需要具备两种互运的完整的身体，这是试力的一个要点。

试的是什么力

我们试的是什么力呢？试的是意的力——意力。它不只是觉知，还要觉知到那种无障碍——所谓的"空性之力"。你站桩时候的掖胯、挺拔、手臂要"虚"到一个"空满"的感觉，这个时候才能取得全身整体的虚实，才有那个东西。就是身体和意分那个虚实，身体慢慢虚化，慢慢意变实，这个意才是不沾染，不受对方的力所影响的。试力就是从这个"不动"当中"动"开始。这样以后，站着站着，身体发生了一个变化：意多形少，就有"动犹不动""不动之动"的状态。就是站着的时候，看着不动，也在内动。就是看不见动的一个动静状态。试力就是试那个"动犹不动"，把那个"不动之动"放大！动那个"不动"！这样一来，就"形不破体""虚实得中"了：就是"动"的状态没有破坏"不动"的状态！那就是在站桩有"动"之"机"的时候，就可以练试力了。

试力的关键——静有动机，动有静迹

有些人入手的时候，就像太极拳，先练试力，就是先练动作——身体和空气的感觉，有了感觉以后，拿着那种感觉去站桩。其实都是一样的，就是入门的"点"不同。试力的关键是："静有动机，动有静迹"。静就有动的"机"；动有静的痕迹，动是每一帧每一帧地"动"那个"不动"。王芗斋老先生说："动愈慢而神愈全。"你慢的时候，形越慢，神气就越能显现出来。那要慢到什么程度呢？就是："动乎不得不止"，跟没动一样，但是他是动的；他又说"止乎不得不动"。

波浪试力要点

首先是以伏虎桩的姿势站好，身体竖直，这时肩胯往下落。手臂随着肩胯往下落，手臂是身体带着落下去，随着身体的动而动。当快要落到尽头的时候，身体起来；

身体起来以后，又把手臂带起来，身体起到一定的程度，不能再起了，身体不动，有往下松的意思，然后把手臂松出去，身体别追这个手，如此循环往复。如果厘不清晰的人，他练的时候，他手出去的时候，就用肩背追着跟着手同时往前扑过去。身体一定是垂直往下落，一边落，手一边弥漫出去。就像拿一个东西从高空掉下来，是垂直下来的，最后站出里头的东西是从这个垂直的东西散发出去的。身体起落，起的时候，重心往后移了一下，手往下，前面膝盖要顶住，身子直。然后落下去的时候，后胯往后移了一下。就这样，身体的起落，腿来支持它；随着身体的起落，这个手臂在循环，跟波浪一样在循环。这种循环，是身体让它循环的。身体的"势"带着它循环。就像鞭子一样，身是鞭杆，手臂是鞭子（这仅是个比喻，但不是这个啊）。这样一来，手就像波浪一样。去的时候，往前的时候，要是没有手的感觉，就是这个身往下落的时候，弥漫到手，"中"在身，手要"虚"着出去，身的气场把手运出去。回来的时候，手有往前顶的"意",手往回来的时候,前面有一个东西推着手往回走,手要顶着那个东西往回走,顶着往回收,身要放空!回来的时候,手是"中"!没有身子!回来的时候,手把身运空,运到身、回到身;要起来的时候,这个身手是一个转换,试力是最关键、最难的,特别是转换的时候,虚实不清楚。我们现在站桩,就是以身在用这个手,慢慢地身手的"虚实"就清楚了。

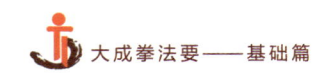

第三讲　练自己的试力

要练自己的试力

有人问视频能不能多看看呢？我想告诉大家，不要看我的视频，也不要看老前辈们的视频，也不要看他们的照片，每个人都不一样，要练自己的试力，这样慢慢就明白了。以后学会了，在自己的基础上再慢慢地参学。比如说有些人腰是弯的，他认为是直的，他照镜子一看，"哦，这才叫直！"有些人身体不会落，他落的时候前俯，或者后仰，实际上应该是身体中正往下落。要学会这个感受。王芗斋先生所说，"但求神意真"，神意要对。就跟写字一样，写出来之后每个人的风格是不一样的。

弄清比喻的性质

我们比喻的时候,是用比喻的东西来表达,但是比喻的那个东西不是这个事情本身,这个要清楚。

"起落"和"聚散"

我们说身体运这个手,像这样身体把手赶出去是不对的。起来的时候,手自身也要腾起来,出去的时候,手是松松地散发出去,是"起落"和"聚散"。以后讲摩擦步的时候也是以这四个字为要领:"起落""聚散"。

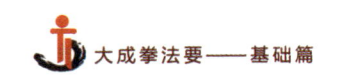

第四讲　波浪试力深化——身在先，手在后

王芗斋先生说，要像"浪中鱼"和"风中旗"。鱼和浪的关系，旗和风的关系，是用而不是丢，它是用这个浪、用这个风，它自己没有丢失。

波浪试力示范：伏虎桩起势，放松，手臂伸出去。如果起势高，就是身体往下落，把手带下去，然后身体再起，起的时候把手一带，手起的时候身体又落，它总是身动在先，身手错开半拍的一个状态。

简单的动作，就是身体起，手下落；身体落，手起，起到位以后，身体中定，松下来，把手舒放出去，再落、再起。这是一个熟悉的轨道。

"身在先，手在后"。落的时候，身体领着手落下去，手还没落完，身体又起来了，身体起来的时候把手带起来，手还没完全起来的时候身体又落下来了，手起来再松出去。这是一个完整动作。

等于身体带着手在做一个波浪运动，波浪这两个字也是一个比喻，这个试力也不是波浪，只是名字叫"波浪试力"而已。

每个人身体的觉受能力不一样，有人把手臂这样往前松出去；有人这样往外松出去；有人这样往下松出去，有人这样松开得大，都可以，只是形式不一样，只要是身把手臂给松出去的，就对了。只要是身体舒放着出去的，都是对的。我们练的是原则与原理，而非招法与套路。

伏虎桩起势，先把手臂舒放出去也可以，不管高还是低，把手臂舒放出去就可以了。如果起势低，直接就起；如果起势高，就下落下去，再起来。手臂要松，身体是主体，延伸到手臂——起的时候，由肩到肘、到手；落的时候，由手到肘，再到肩，散发出去，这些全是意。慢慢地要知道，"意"和"劲"在身上又要分"虚"和"实"。站的时候，全身饱满，全身各处都在浑圆状态，

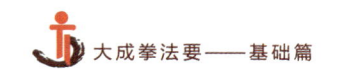

但是意识在身外，"意"跟这个"饱满"和"劲道"要分开。手，虚虚地出去——身体很壮，里边浓度很大，散发到外面，到手上就很淡了，淡淡地出去。回来的时候，手要实，身上要虚。手慢慢地出去的时候，是散发出去。落下的时候，后边身体先落，身体就把手臂给带下去了，手臂就像吊车的钩子一样，钩着一个东西，把落着的身体给拉着，手就很重了，身就虚了。落的时候，身体把手臂给落下去；起来的时候，手上好像钩着东西起来。起落转换是用的关键，起落的虚实是灵性的，起落是互变的。

　　用的时候，因为有个对方、有个敌人，如果身重手空就不行；如果身上空了，全是手了，很容易就把对方控制住了。如果快了是这样，手臂重，身上起落是空的。

　　起来的时候，手臂上是没有，因为没有，对方就挡不住。起来的时候是身上有，落的时候身上空了。

　　今天还有一个要说明的就是，上一次说"松着放出去"，这个环节很重要，刚开始要建立这个"起、落"和

"松、放"的概念，熟练了以后，这个"松、放"就融到"起、落"当中了，这个"聚散"和"松放"就不显了。如果刚开始就没有的话，那是真没有了。现在开始练的时候有这个东西，是为以后的用打下一个基础。

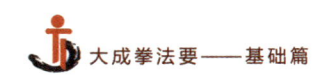

第五讲　意和力

有人问，伏虎桩为什么后腿支撑腿是虚腿，而前腿要实？你看这个后腿，重心在后腿，手出去的时候，我们把后腿要惰性化，虽然它还支撑着，但不是用肌肉给它堆着，要散开。前腿是肌腱和骨肉有扒的意思，后腿反而是一种虚化的状态，这样身体就跟后腿贯通融为一体了，这个时候，前腿因为是实的，所以在用的状态。后腿虚的在没用的状态，它才能慢慢地越来越松沉。把手飘出去，这个时候手上是一点儿东西都没有，手上是"意"，腿上是"形"——分虚实的形。今天我们要说的是"意"和"力"——这个力就是有形的虚实。

"形"和"意"要两个方向，要分清楚。手全是意，没有力量。这是两个东西——一个是身体，有形的、分虚实的身体；一个是意，这个时候意在手，手上一点儿东西都没有。王老先生说"身松意紧"，拿波浪试力来说就是用意（手上的意），不用力（腿上的力）。他早期的文章里说"二争力"，手上是意，腿上是力，这是"二争力"，它不是一个东西打成两截，不是这样（手上是力，腿上也是力，手往上，腿往下）。

"二争力"是"意"和"形"的争力。这个有形的身体是松的、往下，变虚；意识要对外，在外面，这手就飘出去了。"手飘出去就可以了"。这就是为什么讲这个后腿要虚，前腿要实。

这是"用意不用力"，手出去一点儿力都不能用，但是这个"意"和"力"都是饱满的，它是一个大的整体，这个大的整体分的是虚实、分的是松紧、分的是刚柔等，总体来说就是这个手要"没有东西"，这个没有东西是建立在这两条腿包括身体的"有"的状态的基础上。

问：与大气合，怎么才能合上？

答：我们站桩的时候常说，要把自身有形的身体虚化，虚——再虚——虚化，就化到大气里边，就合上了，这是从自身来讲。如果意识在身外，就要把外边的虚空看成真实，这两个一结合，这就合上了。

在自身还未达到完备的初级阶段，如何做到尽量保持"中""形不破体"？我们不是初级阶段、中级阶段、高级阶段，我们从入手就拿"形不破体"在这儿练，你练的时候你的本体就是"形不破体"，所以不是保持，你就是，这才练对了。我们说"形不破体"，周身要有弹性，要松紧得当，胯要有感觉，肩膀要松开，脊柱要正直，头直目正，所有这些东西都是"形不破体"的显现，而不是"初级阶段怎么做到"，"练"就是怎么做的。

问：怎么判断试力是否做对了？

答：不用判断。在学的那一瞬间开始，如果师父不在，任何时候都要想到自己做的是对的，然后每一次学，再用新的"对"覆盖以前的"对"。没有最好，只有更好。要建立信念，你这个是"对"的。如果你认为是错的，那就没法练下去了。

问：试力过程中呼吸是怎样的？

答：这个阶段不要考虑呼吸。你做这个事情的时候你根本没有想呼吸，如果你还想呼吸，说明你多想了。会做了以后，呼吸是所有会的基础上的自然状态。如果运用的话，它是一种升华，到时候呼吸和你的动作自然成为一体，这个时候你的意识和呼吸可以成为动作的引领，可以用呼吸，比如说你吞吐的时候，你可以用呼吸，这个时候，它是一种清晰的状态。这个现在都不是问题。

第六讲 "大身"的建立——根与节、以手运身的原理

我们常说"关节",把"关节"要弄清楚。"关"是一个点,"节"是"关"的两端。关节这个说法实际上说的是两个节之间的那个连接的位置。那它是什么意思呢?比如说"肘",肘这个关是由大臂和小臂这两个节组成的。这里就牵扯到几个武术的术语——"根节、中节、梢节"。那就是所动之处的根是这个关以上的上节。梢的后边就是它的根。比如说手动,手腕背后的小臂就是手的根;小臂动,它的根在大臂;手臂动,它的根就在身体躯干。同理,脚的动,它的根在小腿;小腿的动,它的根在大腿;整个腿的动,它的根在身体躯干。每个动都得用关节。知道了这个原理以后,突然发现身躯和四肢的关系一下就明白了。明白了以后再把身躯细化一下,身躯分两部分——上边:前面是胸,后面是背;下

边：前面是腹，后面是腰。古人说的发力都是腰脊发力，那就是腰和背这一条线在发力。这一条线怎么发力呢？这一条线用四肢在发力。这一条线怎么才能用四肢呢？《拳论》里边有一个字说这个腰，就是"活"。这个"活"字，唯一一个用处就是用到腰上。腰要有生机，它是源头活水，它要活。只有腰这个地方，它既是上身的根，又是下身的根，实际上它是身体的总根。《拳论》里有一句话"腰为主宰"，也就是这个意思。

我们说，力量、手臂腿脚是身体用出去的。波浪试力的时候，你往下按的过程中，是身把手用出去的，那身在先，身可以领着手往下按。往下按的时候，身在先，手还没有按完，身已经起来了。身起来了以后，手这个时候又跟着身起来，手还没有完全起来，身又落下去了。这是一个起落的身手之间的关系、身和腿之间的关系——就是身是主动的。这是上下。如果前后呢？你手出去是身把手用出去的呢？还是身在一个惰性状态没工作，手伸出去的呢？还是手出去，身体也追着出去，丢了身呢？知道这个原理就知道方法，就会觉知自己对还是不对，好还是不好。

身要用四肢，首先要从"头直、目正、神庄"——也就是从身躯中正入手。这样一来，以腰为主宰，互相为根那个节，根和节互相为用，这个身体就成为整体的一气的虚实状态，每一个梢相对于它的根都是虚的。王老先生说"虚实实虚得中平"，就是这个意思。这是一个整体的、有序的状态——这个有序不是一节一节的有序，它就是整体！后来有人说"蠕动"是不对的。整体挨着你，你就不能动！它快，是翻天覆地，它是一个根节用梢节的静止状态！就是"动静互为根"。比如说你用小臂的时候，是大臂带着小臂，小臂是静止的，小臂自己是惰性的，反之亦然。这样慢慢地就会形成以肩胯、肘膝、手足这样相互呼应、相合的一个状态——所谓的"六合"状态。"一合无有不合"的状态——这完全是超越了"六合"概念的状态！

那么知道了关节互根，还有关节连通以后，就知道了总的根在腰、源头在腰、主宰在腰，从腰开始向外弥漫，由劲变成意。我们常说"手要虚、要空"，就是手外须有意。同样的道理，脚下须有意，那结果就是手空、脚是轻灵稳固的一个状态。我们讲了"手要轻轻地飘出去"，它为什么能这样呢？因为它的源头活水在腰，我们把它放大了说，在腰胯、在肩胸；在肩背胸、在腰胯裆，把它放大了说，让这根更大一点儿。腰在腰上，就是腰为这个世界的原点，散发出去。腰是源头，我们说的是从腰散出去。这是说有形的身体的腰。我们再抽象一点儿，如果手就是腰呢？大家想一想。如果手就是腰，那所有的劲、源头活水就在手上，但手又是个梢节，跟腰不一样，那就是以手为原点，身躯是这个原点的半径，还有另外一半呢？那另一半是无形的与身躯对应的一个点，如果手就是腰，把有形的身体变成腰以下的部分，外边的虚空变成腰以上的部分，这手就会延伸，就会用腰以上的那一个无形的部分。这一段有点儿拗，有点儿抽象。那么知道这个了，就知道以手运身的原理。"来回劲",就是轻着出去,重着回来。"一点之力乃是全身之力"就能从这里显现出来。回来的只是手,没有身子,手很重,身子已经虚化了。那么以手当腰的时候,这样的理运用起来就是所谓的抽象的"大身"建立起来了。

有了大身的功夫,真正的大成拳就上身了。那就是自身以手为中心,整个身体是身体(大身)的有形的一部分,手以外的无形,是身体(大身)的另外一部分,我们说是"大身"。

第四部分

降龙桩及技击桩

第四部分　降龙桩及技击桩

第一讲　立意与感知

复习伏虎桩——伏虎桩与降龙桩立意的不同

伏虎桩是用练伏虎之势感知自己的身体和身外。身体和腿的间架配备妥当以后，手和外界、手和自身以及全身与外界的一种觉知感受。

降龙桩与伏虎桩相反，是以手臂与身体的间架配备妥当，从脚腿到身体，腿脚与地和周边的感受，一直至全身与外界的觉知感受。

这两个桩的立意是不一样的。但是大成拳是感知的拳法，这两个桩的感知是一样的，只不过一个是从手臂开始，一个是从腿脚开始，它们只是入门的点不同。王芗斋先生讲，这些都太烦琐了，于是他总结了一个桩叫"矛盾桩"，后人叫"技击桩"。就是手心朝内的一个间架，用身体的外面（所谓的阳面）与虚空相接的一个整体的桩法。我们还得练伏虎桩和降龙桩，因为矛盾桩是这两个桩练了以后所产生出来的。

古人的练法

古人的练法和现在人不一样。现在人是先练所谓的养生桩，然后再练技击桩（矛盾桩），最后把伏虎桩、降龙桩、鹰桩、熊桩等各个桩作为一个难点去练。古人不是这样。由那些功夫来产生，最后形成了一个比较圆融的桩法，叫"矛盾桩"。我们现在学习的方法是按照古人的方法。如果不知道这个来龙去脉，就不知道这个桩法的真正意义。

大成拳是感知的拳法

我们常说，站桩不是练拳脚功夫，不是让自身多么强大，它是与天地相接的一种功夫。这种接不是人为地努力去接，它是把有形的身体变成了无形的意体、虚体以后，用感知力去接，能接才能用，是这种方法。所以大成拳是感知的拳法，不只是功夫的拳法。

感知的时候，咱们原来有个比喻说是像蛐蛐须子一样，它感知，它后边有进攻系统——所谓的功夫系统。我们还说，所有的比喻都不对，实际上不是那个东西。人们容易理解成这感知是灵而不强的东西。王芗斋先生说，"动若山飞，静似海溢"。这也是感知。他是整座山在感知，是在动态中感知。实际上感知和功夫对大成拳来说是一个东西，它是圆融的，而不只是拳脚功夫；或者有些人只是感觉到松沉的劲；有些人感觉到松沉的劲就自然流露，就能克制拳脚的功夫等，这些都不是大成拳。

还有，王老先生说，"大动不如小动，小动不如不动，不动之动才是生生不已之动。"生生不已之动才是真正的动，这种动不是形体上的一种运动形式，它是觉知的一个状态，它是一个势，它是一个趋势，它是一个机。

我们常说，"静有动机"，它是这种状态。有些人歪曲说是"蠕动"，那完全是外行扭曲王芗斋先生的拳法。

为什么说大动不如小动呢？比如说，有一个动作要把对方拉过来，把自己蓄满了，把对方蓄空了再打出去。这个对吗？这个肯定是对的，但是这个肯定是不能用的。因为对方不给你这个机会。即使用上了也是运气好撞上了。

如果动作小呢？在对方不知不觉当中蓄和发就结束了呢？这就是慢慢地由大动到小动，慢慢地就严密了。就是你摸到了以后，对方就跑不了了，对方想动的时候就动不了了；对方来了，就回不去了。这就是你处在一个得机得势的状态下。伏虎桩和降龙桩就是练得机得势，通过觉知自己身体的变化就能觉知到对方身体的虚实变化。自己有功夫以后，看别人一动你就知道他的虚实在手上呢，还是在腿上呢，还是在腰上呢，还是气在上浮的状态呢，你就了然了。这样你就可以有很多通道把周围的环境以及人和事辨识得很清晰，对方却在一个茫然的、无明的状态。这就是我们要练伏虎桩、练降龙桩，到最后还要练矛盾桩这样一个过程的原因。

现在知道了这个道理，就能看出别人站桩的立意是什么意，看他是傻用功夫呢，还是清晰的呢，这就一目了然了。到对敌的时候、用的时候，就知道他练错了，他不能用，他的用只是糊涂人跟糊涂人可以用，他跟明白人就用不了了。

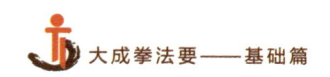

第二讲　降龙桩要领

　　降龙桩是手固定，固定以后用腰身和腿感知地面和地面周围，感知自己的身体。后手过去叫"护尾"，就是护住尾巴。前手往前伸、顶住，后手也顶住。有些人还是练的手。手顶住，肩胯放松。手是固定的，用身体感受。让大腿面和地面平行。

　　我们常说，站桩"身上不存力，心里不存事"，就是要把身心都要散开。古人说是"散怀抱"，就是让胸中之气要散开，这是第一个要领。第二个要领就是把各个关节要散开。当所有的关节都散开了以后，身体就变成了一个完全"静止"的整体，这种静是有动机的静，是身体在另外一个层次的状态。我们常说眼、耳、鼻、舌、身、意，这个时候眼睛在感知，耳朵在感知，呼吸在感知，口舌在感知，牙齿在感知，全身筋骨皮肉五脏六腑所有的部位都在感知。

感知什么呢？第一个是感知是不是舒适得力。舒适得力是完善自身。舒适得力有多种感知方法，感知身上是不是有障碍，有没有抻拉的状态，有没有堆积的状态，有没有不协调、不统一的状态，把这些感知出来，还要逐步地一个地方一个地方整体地完善它。我们还说"练弱用强"，就是你感觉不合适的地方，你要感觉它，把它变过来，让它协调、让它通达、让它散开，散开了以后，让所有的感受都静下来，静下来以后，用这个静再感知外面。所谓己身已具备，反向身外求。

感知外面的时候要有功用，王芗斋先生说"势如龙驹扭丝缰"，就是身上扭的状态、手撑身拔的状态、脚蹬胯合的状态都要感觉到。这是对有形的身体的一些要求。但是所有的要求不能落死，一旦落死了就执着于这些要求了，执着于要求就不是这个桩了。

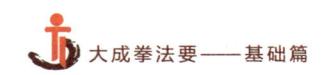

第三讲　实践体会桩法演变，并了解中国武术的概貌

我们站了伏虎桩以后，对桩的练习要求有了一个基本的概念和理解，同理，降龙桩也一样，有了前面的基础，这个也就容易理解了。古人这个伏虎桩和降龙桩纯粹是练功夫的，王芗斋先生把伏虎桩和降龙桩参悟以后，在这个基础上形成一个桩叫"矛盾桩"，后来有人也叫"技击桩"，这个桩是一个改良后的母桩，其他的鹰桩、托宝贝桩、抓球桩、杠杆桩、子午桩等，都可以矛盾桩的心法练习。

伏虎桩和降龙桩一定要吃透，一定要掌握它，为以后其他的桩打好一个基础。就像要了解一个拳派，必须了解他创拳最初的立意一样，比如形意拳是什么意思，螳螂拳是什么意思，八卦掌是什么意思，这样我们才能进入这个意思里面。

第四部分　降龙桩及技击桩

伏虎桩练的是什么？降龙桩练的是什么？它练的是降龙伏虎之势，这个势里边对身体有要求——身体怎么做才能有降龙伏虎之势呢？我们不能落到"身体怎么做"上，但是我们身体必须会做才能出那个势，这是两个东西，要清晰。很多人就落到身体怎么做上了，把要做出来的那个势给忘掉了，这就要求我们要懂练的心法，就是要"勿忘勿助"——你别忘了它，但是你别过分地帮助它，落到它上面；这也就是"若存若亡"，就是你练的目的不是练，练的目的是为了练那个用。古人又说是"以用为练"，这样就不容易执着于练上。但是有些人又落到假的用上，他没有真正的变换身心，他就假用，这用不了。王老先生有个弟子叫李永宗，他原来练形意拳、练弹腿，练了很多东西，他跟王老先生说，"在我没站桩之前，我练的拳脚都不好用，站完桩以后，我的拳脚都能用了。"也就是这个道理。

伏虎桩和降龙桩是一个体系，改良以后的矛盾桩和以后所有的桩是另外一个体系。改良以后的矛盾桩和以后所有桩的练法都是以矛盾桩的原理指导着练，这是一个界限。伏虎桩和降龙桩纯粹是功夫系统的一个练法，功夫系统练到一定的程度他会有感知，他拿功夫去感知，是这样一个桩法。从矛盾桩开始，就是"感知功夫"状态，以后用矛盾桩的原理指导的其他桩法都跟矛盾桩的练法是一样的。之后讲矛盾桩的时候我们会一点一滴地把它说完整、说清楚。

第四部分　降龙桩及技击桩

第四讲　桩的类型与浑圆之意

今天我们开始讲技击桩。王芗斋先生把伏虎桩和降龙桩总结了以后，形成了一个桩叫"矛盾桩"，后人也叫"技击桩"，这是手心朝里的一个斜步站法。

今天大家第一次接触"斜步"这个名词。解放以后有些人把桩归为"平步桩"和"斜步桩"。平步桩就是不分阴阳虚实的两个脚平行站立的桩。过去我们学拳的时候，师父说："站站平步桩，有基础了再站斜步桩"，对有些人则说："你不必要站平步桩，你直接站斜步桩"。不管什么样的桩，都可以用平步和斜步来区别。

矛盾桩是斜步桩。有些人把矛盾桩称为"真正的浑圆桩"。王芗斋先生拳论上讲就是"降龙伏虎太繁，去繁就简，又包含降龙伏虎之意，又有内外浑圆之气，后来形成的桩叫浑圆桩"。浑圆是境界，真正的浑圆桩是无数个——包含了平步和斜步。

平步可以是浑圆桩，斜步也可以是浑圆桩。平步和斜步都是浑圆桩的时候，那就是浑圆和平步与斜步是没多大关系的。那浑圆跟什么有关系呢？是自身和身外有关系。我们已经学很多内容了，有站桩的、试力的，还有立禅的各种桩，只是一直没有说"浑圆"两个字，但是所有的桩都是以浑圆之意在践行的。

那么从现在开始，已经会站伏虎桩，所有的姿势、动作都不变，唯一的区别就是手心朝内，就是所谓的"抱着站"。"抱着站"这个词非常害人，就像"站桩"把站桩当成桩子害人是一样的道理。矛盾桩真正的秘密、真正的意义是什么呢？就是用手臂的外圈与空气相融合，就是外圈要满，里圈要空——臂内侧这个圈不是要抱，是要空，让这个空和外边达成一个满，这是站桩、练拳很要紧的功夫。

王老先生教人的时候，他讲"前手如盾，后手如矛"。矛要蓄着力，盾意要满——就是前面要膨胀着力，后边要蓄着力。实际上这是第二层意思了。我们先练第一层意思。

第一层意思是两个手没有虚实，是均匀的，都是外圈是实的，里边是虚的，先把整体的浑圆力练出来。然后这在浑圆力的基础上一处一处地变虚实——就把前手变实了，后手变虚了，但是前手的实，里侧也是虚的；后手的虚，外侧也是实的。两个手虽然有虚实，但还是呼应的，还是一体的。后手离前手不要太远，就是我们说的，掖胯的同时，步斜身正的同时，让两个手要均匀，均匀是第一位的。

大家听到这儿就会站了，如果再讲就是出于心里的贪念和期望，实际上没有意义了。就先站吧。虽然说的少，前边已经讲了，身体各部位的要求大家都知道应该怎么做了，这个时候就要用功。

说的多，又担心因基础不同、理解差异而误导了大家；说的少，又担心练不会，那就悟着练、思考着练。我们说伏虎桩定位的是身体，用手；降龙桩定位的是手，用身体；矛盾桩是全身的感知，是全身任何地方都与外

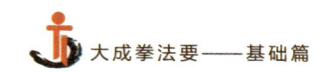

界在一个空和满的状态里，用身体作为临界。用身体的阳面作为临界，就是让身体的全体和身外发生阴阳相济的关系。如果阴阳相济的关系成立了以后，这个骨肉之身就会变成大身，就是天地之身。

第五部分 钩挫试力及试力层次

钩挫试力的要领及心法

有了伏虎桩、矛盾桩的基础，也有了汲浪试力基础，做钩挫试力就更容易一点儿。所不同的主要是心法。动作很容易，就是两个手自然抬起来，掌心向下、伸出去，然后在手臂快伸直的时候就把身体带动了，带动的同时手要翻转一下，变成掌心朝内，这时候，外圈的觉受不能丢，外圈跟对方、跟外界的感受、交接不能空，这个很重要！然后回来的时候，有一句口诀叫"身动起相外"，就是你回来不是你要回来，你要意识，要随着外在的压力回来。回来快接近身体的时候，又有一个转换，就是"肩撑肘横"，肩伸开，肘要横一下，小臂就转过来了，手心就朝下了。然后周而复始地练习就可以了。

重要的是"用意不用力"，老前辈说是"起手如挫，回手似钩"。有些人刚开始练的时候做不到钩挫，老先生就教以一个方便之法，叫"推木"——好比推水中的漂木，以这种方式去练习，以这种方式入门。

试力的三个层次

钩挫试力的第一个层次是"用意不用力"。这个时候可能是意不会是力，只是意，那就要慢慢地把身体放空，用意做这个事情，做这个事情的时候心里必须是松的，不能拿着劲在用意不用力。"用意不用力"这个过程很快要完成，否则的话就落到顽空了，落到有些人练太极拳的境界里去了，要么是不用力没力，要么是用劲就僵硬。不能这样，那怎么办呢？

第二个层次是"意力相逆"，回来的时候外圈必须有"跟外在相接"的意思，就是你的回来是接着对方回来，不是自己主动回来，也不是顶着对方回来。那出去的时候呢？出去的时候有回来的意，就好比你是很松的土壤，对方是很细微的小雨，他来多少力你都会给他吞掉，一边化着一边出去，就是不丢，也不对抗（所谓"顶"）的状态。如果你是很硬的地板，雨点下来就是顶了。应该是把外力吸纳着再推出去，所以就是"去有回意，回有去意",这来回的一种态势也叫意和力是相逆的。

这次让大家看王选杰老师的钩挫试力视频是不得以为之,实际上看一遍就不能再看了,因为那是他的。王选杰老师的有些弟子或者其他人模仿他的动作、健舞,这跟自己就没有关系了。为什么王芗斋先生说"但求神意真",看到他在做什么就可以了,不能模仿他的形状,自己是什么形状就是什么形状。齐白石说:"学我者生,似我者死"。

为什么说试力不在形呢?第一个是"用意不用力",第二个是"意力相逆",第三个是必须脱开这个形,"意"就变成了"力",意和力就合一了。"意力合一"的时候,这个形就不是形了,形就不自主了,"形"归到"意"里了,这就是形意的核心。我摸过一些人,这些人都知道,手一伸就要把对方合上,就是要合住了,让对方变成自己身体的一部分,这是第三步功夫,必须是自己没有形,形归到意里边做这个事情。

为什么说试力是最难的、最关键的功夫

为什么老先生们都说试力是最难的、最关键的功夫？就是因为你站桩很容易就会有功夫，很容易就会练得自我强大，但是经过不断地修正可以把自身的强大放掉，可以跟天地万物融为一体，可以把自己站虚、站空。这个时候，这个虚和空，这个天地万物怎么显现呢？必须通过试力的功夫。

试力的功夫入门就是先让自身松化，把身体变成意，变成意又容易落到纯意里边，这时候意的背后就产生一种力，我们用的时候，意和力就分开了，意、力是相逆的。练到一定程度，让"意"和"力"相逆的距离越来越小，往"中"上归，归到哪里呢？把"力"直接融到"意"里，我用"意"的时候，"意"里边就有了"力"，这个时候的"意力"是升华了，它不执着，没有方向，不给对方机会可乘，这是试力境界。这个时候才可以像《拳论》里说的，"意即力也"。这个时候的"意"才是

"力"。当意变成力的时候,"去手如挫,回手似钩",这种状态就是真正的"意不空出,力不空回",这些就成为真实的了。

为什么让大家不要看老前辈们的视频或者照片呢?在学习阶段一定不能看,学好了具有自修和自我正误的能力以后,看得越多越好。为什么我有时候也没有把视频或者照片给大家看呢?也是这个意思。只有这样,你才能让你的形入到意里。

第六部分 摩擦步

第一讲　从神意入手

以果决行，贵在传神

摩擦步形式很简单，一看似乎都会了，但是实际上它不是这样。我们学要从神意入手，不能落在形上。

"摩擦步"最早的时候叫"擦拉步"，就是脚贴着地，有摩擦、拖着地的感觉。后来王芗斋先生在拳学发展的过程中，他把脚抬起来，离开地面了，用意接着地，意有摩擦的感觉。这是预示着大成拳是神意拳，它是传神的拳，而不只是形。

王芗斋先生说"但求神意真，何须形骸似"。摩擦步在练习的时候很简单，简单里边有丰富的内涵。走的时候，头要虚领起来，两个手要有按实了的感觉，但似实非实，似虚非虚，不能真按实了。手有往下按的意，头顶有往上顶的意，这两个要达到平衡状态。这个平衡就

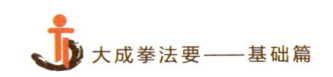

帮助用身指导腿脚前进的变化。

我们看到视频里王选杰老师的摩擦步动作的形式就可以了，要马上把它忘掉。贵在传神，而不在形。形是越多越复杂，要由复杂的形到简单的道理，在简单的道理中有丰富的内涵，所以不要执着于文字、心法、功法、技法等，这些都是渡河之舟，目的是拿来用的，是生活的状态。知道了"用"这个果，才能以果决行。就是以结果、目标来决定怎么练。就像写字一样，我们先从平正开始，然后追求险绝，最后又达到平整自然的流露状态。

重心的转换、神意不能断

走摩擦步的时候，手和身体是为了辅助身体的平衡，用这个平衡的身体运用腿脚而行。知道了这个道理以后，就不会执着——"讲了半天怎么还没讲摩擦步有什么要领呢？"知道这样的原则，走的时候，你想迈前腿，后腿必须要有垂直的力量，这个垂直的力量负载身体的重量，然后把腿迈出去的时候，不能影响这个重心，不能一落前脚把身体的重心带过去。前脚落下去的时候，重心还在后腿，还在支撑、挺拔的一个状态。如果这个时候能在重心不变的情况下把前腿缩回来，说明走对了。如果你还得通过调整重心才能把腿收回来，这有一个名词叫"栽"，栽倒的栽，就说明你栽到前腿上了。栽到前腿是因为你不是探出去的，你是把身体失去了丢到前腿上了，这个很重要。

前腿落下去以后呢？身体慢慢地舒展起来，挺拔起来，慢慢地转移、拧转，重心渐渐地转到前腿，当重心完全落到前腿的时候，这个时候才能抬后腿。抬后腿的时候，不应该有一个再蓄一下力的感觉，它自然能抬起来，这就要重心完全落到前腿上再抬后腿。慢慢交替着这样练。

脚后跟尽量不要抬起来，要尽量做到全脚掌与地平行的一个状态，做不到就慢慢来。这是初步的练习。就像一笔一画地写字一样。把这个动作要练熟练。熟练了以后要慢慢地缩小重心转换的差距。当别人看不出来重心转换，这时候就接近能用的状态了。因为在实作当中，你重心转换的空间，就是别人的机会。重心转换的这个时机，就是对方运用对抗你的机会。那就要求从起始到终结这一个完整的动作当中，神意不能断，即使有重心转换的空档，但神意还是连绵不断的。

我们说的这个神意在哪里呢？就像船在大海里边，船就是身体，大海就是神意。就是把有形的身体融到无形的神意里边。老前辈们常说"精神"，就是把"骨肉"放到"精神"里边。太极拳、形意拳都讲"以意领身体"，这个话是对的，容易让人误解，有一个先后，其实不是先后。知道了这个道理，如果勤加修炼，真正中国式内家拳法的理就会明白。

但是这个道理很难落到实处、落到身上。我们平常站桩的时候，试力的时候，走摩擦步的时候，就要把这个有形的身体外边一个无形的神气——所谓的精神弄实，让这个身体融到这个精神里边，而不是先后，不是所谓的"意在身先"，而是意包裹着这个身体，意无处不在，但是这个身体还要起作用。你说我光用意，那我跟你推手、断手，没有一个实实在在的东西能落得住，他必须有个腿脚、手臂和身体，但是又不是它，不过还得用它。不是它的原因就是它外边的神气是统领、是主宰。知道了这个道理，练习的时候就慢慢地让这个神气显现、清晰化，然后慢慢地自己有了这个神气，慢慢地推手、试力、摩擦步。

通过意体培养精神，精神改变思维

大成拳的基本功——站桩、试力、摩擦步，它的应用也是站桩、试力、摩擦步。可以思考通过站桩，让意体、神气越来越丰满，让身体虚化，让身体融到意体里边，融到神气里，只是各种说法不同。然后试力、摩擦步的时候，不要落到文字、心法、功法、技法等里边，所有这些说法都是让你运用神气、神意，用这些东西把身体融在里边。

自身都具备以后呢，就找一个人用，慢慢地从简单的、轻松的、温和的、安全的状态，把这个理贯彻下去，让理通过身体作用到另外一个人身上。在这个练习的过程当中，会遇到有变化的、有力量的、有速度的情况，慢慢地改变自己，慢慢地适应，适应的过程就是提高的过程，就是应用的过程。慢慢地由量变到质变，慢慢地通过意体不断壮大，神气不断充足，精神就越来越强大。在没有变的过程当中，很容易落到原先的有形的身体的思路、思考当中。有人问我，"如果对方拳头快了、拳击快了，用意体怎么办呢？"当精神壮大的时候，根本就考虑不到对方的拳头，看个影子都想扑上去，但不是扑上去，是神气的状态。有精神和没有精神的思维方法是不一样的。我们先通过站桩、试力、摩擦步把精神培养起来。

第二讲 站桩、试力、摩擦步的进一步深化

立禅站桩、试力以及摩擦步之间的联系

我们经常说"体、相、用",体是什么呢?是虚体、神体和空体。也就是由立禅站桩而出来的、一种与虚空连接把自己融到虚空的状态。试力的时候,就用这种体,这是方法和原则。摩擦步则是用这个体来体现一种势。

更精微、深邃的练法

站桩的时候,要把主体站出来。站出主体的关键,后边肩胛骨要有相合之意。相合之后,内脏和脊柱的关系就融合了,内脏就很贴切地挂在身上了。如果长期错

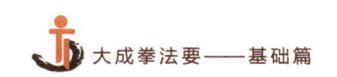

误地含胸拔背，练到最后中气内陷、肺活量都没有了。

试力的时候，"阳接敌"，把后边合上作为"阴"，胸前就变成"阳"了。试力的时候，胸口要开，要吃住对方，吃住对方以后，手要蓄，蓄到后脊上，然后才能把所蓄之力散开，才能出去。拳论讲"力由脊发"或者是"力由机发"，都是一样的。一个是讲部位，一个是讲火候。用这个部位也要有时机；有了时机还是要用这个部位。这个部位它能开合，能开合才能运这个手。"理、法、势"，这就是法。

如果是摩擦步呢？还是用胸口这一块儿，用这一块儿打开，它是一种含，打开，放空，一直到放到后边、放到前边、放到左右，放开，要融，融前面，融对方，融成中体。这个时候，胯和站桩时一样，前膝顶，后胯掖，身要松、挺拔，只有这样，身才不乱，不能一掖胯身就趴下去，身是直的，身才能控制手，如果趴下去，身和手就变成一个东西了，它就不是手的根了。身是手的根，始终是这种状态。这种状态，走的时候，前膝顶着，后腿松着把身体松起来，身体松起来之后重心就转到前腿，然后后边那条腿自然就过来了，放到前面去，这个过程中，重心是纹丝不动的。有些人一个腿站不稳，左摇右晃，就是因为胯不正，胯一正就站稳了，胯一正，头和支撑脚里侧这条垂线就建立起来了。然后再说转换。起来以后重心落到前脚，有些人左右转，有些人重心从底下走，应该从上面走过去、落下去、探出去。实际上形体上没有这个起落，只是意识起来了，形体没有动，这就是"意力水面行"，身就好比是那个水，意贴着水面划过去。

培养意体在动当中的妙用——方法与机势

我们说"体、相、用"，体是指意体，摩擦步、试力，都是用这种形式培养意体在动当中的妙用。其中一个妙用是"方法"，另一个妙用是"势"。方法里边就能体现势和机，势就是机的根本，势有起落。

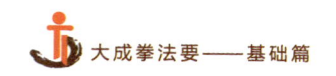

更进一步认识以后，就不容易落于"相"（形式）。走摩擦步，姿势这样也可以，那样也可以，不管怎么走，外形都是形式，都是融到虚空里走，这个虚体是活的，是这种走法。

手脚是什么呢？如果身体这么大，手脚就出来一点点，看不见手脚，过来过去都是运身体，这是以身为体的一个认知；还有一个以拳脚为体的认知，就是拳脚有多大，全身都是拳脚，体就是很小很小一部分。我们说"手运身"，就是有手没身；"身运手"，就是有身没手。这是两个认知，但是很快把这两个认知要贯通、要打破，当有手的时候就是手；当有身的时候就是身，需要身的时候，身无穷大；需要手的时候，手无穷大。这要清晰，清晰地转换，清晰地不落到身上，清晰地不落到手上，清晰地手上有，清晰地身上有，这个时候，打人发力，就不是说我这个是鞭子劲呢？还是枪劲呢？还是一个榔头劲，或者什么劲等，它什么劲都不是，它就是打上对方以后，对方从此不想再让你打第二下，那种感觉就是

第六部分 摩擦步

对的。

身迎的时候,如果做得夸张一点儿就是,身沉一下,把手送出去,然后身再跟上。这里有两步:身把手拿出去,身再跟着这个手。身先用一下手,身不能跟手这样(固定成一个东西),这样对方堵住手也就堵住身体了,应该像卧推一样,身不跟着手,反而是相反的,这才能出去。先把手出去,然后身体追着过去,追了一半,快到了,让手的惯性再往前走,身再回来。身把手往回拉但拉不回来,为什么?因为手还要往前,手上还有个对方,有个东西,这个东西不能丢了,身回来的时候手要接着这个东西,接到一定程度,手不能接了,我就用身再转换到手上,用身接它,然后再把手运出去。实际上用身接它是意接,接住以后,手闲下来了,手再出去,这来回是一个"空—有""空—有"的转换。

摩擦步也一样。过去我们有个游戏练法,找一个人在前面拿着大杆子顶着肚子,走过去,这个劲始终不变,身体就跟一个装着水的宝瓶一样,走的时候,水不能晃荡，不能漏出来，不能颠倒，这个东西不变，无论高低、前进、左右，怎么都不变，这个东西很稳，即使发力，这个地方也很稳。这个地方发力也是所有力量的根，不能丢。

第三讲　摩擦步练习指导

　　起之前要停一下，落之后要停一下。停一下，但不能停住，不能死停在那儿，停而不住，细微地不停地在变化，但是它没动。体会全身细微的所有地方都是松的、活的、动的、要起来的。要是这样就会走了。跟站桩、试力一样。动步子是形，因为大家都那样，那都是形式，这是内容。就是动静之机。你说动吧，看不出来动，看出来就不是了。但是刚开始跟试力一样，站桩——试力——再站桩。摩擦步也一样，能体会到这个东西。你看猫，它走一步停下来那种感觉，它随时要起来那种东西。你只有具备随时要起来的感觉，要发力，见了人一步就蹿出去，根本就不用考虑，也不用准备，不用认真，因为你那个身体始终在那种状态。起之前停一下，落以后停一下。争取在十分钟迈一步就可以了。

　　当真静下来的时候，你有那种动静之间感觉的时候，你才知道，这才是摩擦步。蓄着势，姿势稍微低一点儿。要空起来，腰，稍微有点儿那个势。要起未起的一个状态。你现在是要起真起。要起，不能起，它里边细微的东西不停地要起，全身要松开，不要障碍，你要是身体紧了，底下再起就没有用了，底下松、松、松，把这个支撑腿完全虚化，一直虚化到跟外边接上。你觉得差不多了，一遍、两遍、八遍、十遍，完了以后把它松开，虚腿把它给换过来。它没有位移，它是中散发到那里。

虚步，虚蹬，不能动，一直在那儿虚化。支撑腿要虚化，虚完了以后，把它蔓延到身上，然后从头顶上面贯通，贯通以后，全虚了以后，往前进行，慢慢、慢慢转移，转移过程中跟没动一样，什么时候体会到一边转移一边感觉好像不动就行了。看看《拳论》就知道了，王芗斋先生说，"行乎不得不止，止乎不得不行""愈慢愈好""慢优于快，缓胜于急"。慢到什么程度呢？行乎不得不止，慢到这种程度，看不见在动。不停地虚，虚着走。

第七部分

推手、发力、断手

第七部分　推手、发力、断手

第一讲　原理与心法、难点与魅力

在实践基础上再谈大成拳基本功的原理和心法

我们对大成拳的基本功夫——站桩、试力、摩擦步都有所认识和实践了，再讲推手、发力、断手就有了一定的认知基础。在进一步讲之前，我们再回顾一下这段时期所学的原理和心法。

我们讲了站桩，讲了立禅。站桩是什么呢？就是由站而觉知的过程。立禅则是以觉知的身心去站桩。这是站桩和立禅的一个因果关系，出发点的不同。我们说立禅是恢复——恢复觉知力，恢复良知良能，恢复身心、觉知的生命状态。那么讲站桩、立禅的时候，有时候从这个角度说，有时候从另外一个角度讲，目的就是让大家有一个完整的认知。不管怎么讲，如果能举一反三，

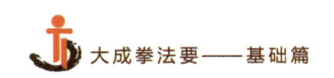

融会贯通，才能知道我说的是什么。"知其然，知其所以然"，只有这样才能真正地掌握它、学会它。

说到试力、摩擦步的虚实转换、松紧得当、阴阳相济，整体的周身浑圆一气等，我们既能松散着认知，也能整体地认知，才能完全地了解它。我们现在讲的大成拳的这些功夫，跟老前辈们讲的，还有一些拳论讲的，可能有所不同，也可能是老先生们没讲过的，所以这更要举一反三，融会贯通，更要理解王芗斋先生讲的"在神不在形"。王芗斋先生还讲，"要理解我所没有讲的"。

那么知道神意和形的这些关系和内容以后，才能真正地继续学推手、发力、断手等等。知道神气才能知形。知道神气，在练习或者推手当中，才知道形（比如说手臂）虽然跟对方在接触，但是不在形，而是在神。我们说，把形要融在神里；断手的时候，虽然形不接触，神在接，形在神里。

我们说"体用"，我们站桩、试力、摩擦步就需要把那个意体、神体要练出来。推手、发力、断手等等，就要用这个意体。这是个分水岭。

我们先知道一个概念。推手是什么呢？推手就是"接而不接"的一个状态，形体在接着，但是不要落在形体上，实际上是形体外边那个神意在接着。我们说，推手是接而不接；断手是"不接而接"。不接而接是什么概念呢？就是虽然形没有接上，但是神气要接上。如果没有站桩、试力、摩擦步的基础，这些就听不懂了。怎么才能做到这些呢？就是要把形体融到神气里边，用神气接，形体是有个神体包着的形体。

第二讲　承接

我们已经讲了很多，现在要实践，如果不实践，所有的理论、所有的练习都是想当然。怎么实践呢？大成拳的实作、断手分好几个层次，不管哪个层次都需要我们有基本功。基本功是什么呢？基本功就是动作背后的神气，每一个动作都是形，背后主宰是神气，神气在用这个形，动作可以变换，可以多样性，但是都是由那个不变的神气在支撑着，发力、试力、推手、断手都是这样。

发力的时候，最大的要领是无敌，不能执着于前面有个敌人在发力，否则就不会连续，就会执着，心里就会紧、有挂碍。我们常说"身动起相外"，自身的形不会受到发力的影响，"形不破体，力不出尖"，就是由自身到身外的神意主体不能变。

断手有个基本功叫"接"，还有"承接"，接对方所

第七部分 推手、发力、断手

发来的力或者打来的拳脚。对方的进攻要怎么接呢？首先要确定一个接的部位。练习的时候，要循序渐进，一步一步地学，练习是练习，不是真正的对敌。有时候教人的时候，本来是教这样的动作，他问那个动作，本来是听听这个劲，他就非要试试别的动作，他不是在学，而是在想"我这样你怎么办，那样你怎么办"。学习任何东西都一样，要循序渐进，一步一步地学，慢慢就学会了。

承接，是通过自身身体的能量状态把对方的力量接住。怎么接呢？先从腹部开始，找一个信得过的人用拳头打你的腹部，然后你用你呼吸的弹力相应地迎合这个拳头。怎么迎合呢？虽然用的形是腹部，但是你整个的神气集中到腹部，通过对方的手臂到对方的背后，这样就容易接得住。练习的时候，有节奏地，有感知地，慢慢地配合着练习，由不熟悉到熟悉，由不自然到自然，慢慢地熟练以后，再换个部位，换成胸部，左胸或者右胸。如果用左胸接的时候，接对方的右拳，左胸在前，

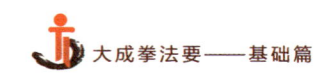

让对方的右拳打过来，把他的身体内侧让过去。如果你左胸在前，对方打过来的是左拳，等于你的身体是呈平面对着他的拳。慢慢地，熟练到一定程度就没有哪个拳的分别了，用上下的面接也可以，用左右的面、前后的面也可以。

我常说"胸和腹要有灵气，它自己才能吞对方的拳，接对方的拳，能处理这些东西"。慢慢地让它处理这些事情的时候，神气还是没变，不能让对方的拳脚把神气给夺了。不熟练的时候，不知道他的拳到什么位置，到什么情况下迎上去合适，熟练了以后，他的意识，他拳的速度，到你胸部或者身体之前，拳锋快要接触的时候迎上去就成了自然而然的事情。

接的时候，最大的要领，第一是神气要饱满；第二是目中无人，身形要有迎的意思，不能往后躲。练习时，有些人一见对方力量大了，他虽然在接，但是躲着接。躲着接不行，必须迎上去接。当你真迎的时候，就没事了。你躲的时候，即使你化掉了一部分能量，他还有一部分能量始终在击打你。只有你迎上去，他的能量才能完全被你所控制。这个先练一段时间，练熟了以后我们进入第二个阶段，就是要离开承接这件事情。你在做这个事情，但没把这个事情当事情来做，就是你跟对方在"离黏随"周旋的状态里边接对方的拳头，而不是专门在接这个拳头，否则就练成套路了，你想用，就得在无意当中接这个东西，你真正的意是一个整体的无意的控制和周旋。

这个"接"就是一把尺子，检验你平常的所练，练的是这样，用的时候还是不是这样？你用的时候，接是对抗呢？还是跟他要合呢？还是神气要把他包含呢？还是有恐惧呢？一个"接"就能检验你平常所练。你接完以后，重心是不是还在中位上，形是否还在不破体的状态，力量是不是还在意的范围之内，是不是"形不破体，力不出尖"，力有没有出意的范围。

慢慢地就体会《拳论》里边的一句话"相对如婴儿，举手不能逃"，那就是精神要笼罩着，神气要布满，拿

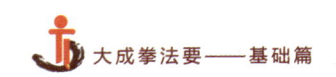

身体的觉知来应对对方的拳脚，精神始终大于这个事情，不能一拳过来精神就收回来了，只有精神大了，才能笼罩，才不是对抗，否则的话，就变成了针对对方一拳一脚的事情，实际上不是针对这个事情而解决这个事情，这才是自身完整的功夫，与天地一体的功夫，这才是大成拳的功夫。同样一个动作，有意和无意的区别就在这儿。这只是断手实作练习当中小小的一步，但这一步就可以检验我们的心是不是这个心。

　　断手的基础是心静。心静不是要求，心静是功夫，只有在一个静的状态里头，你才能发挥你的功夫，你没有静的功夫，你想在对抗的时候让心安静下来，这怎么能做到？所以平常心性的功夫、站桩、试力、摩擦步等，就要把这个心的功夫练出来，这才是支撑你用的基础。现代搏击运动要求的是体能、爆发力、速度、反应等，这是他们的基础。你上场以后体能不够就一切都没有了。我们的基础，第一个是心静，第二个是身上要通透，你不能上场以后身上紧，既没有体能，身上又紧，心里又

第七部分 推手、发力、断手

有恐惧，这怎么能跟人打呢？

我们现在就说一个事情——承接，接的时候就运用你平常所练的所有的松紧、虚实、反应、控制等，让这些东西都要大于"接"这个事情，精神一定要大于这个事情，这些要领才能起作用。如果一有恐惧，这些东西就全没了。承接是（练习）两人对抗最直接有效的一个楔入点，你看摔跤，他要摸、抓、抢，练别的拳术也有各种对抗的基础练习，我们就是练习在经受击打的时候看这个心还在不在，看神还在不在，这就是一个适应性训练，慢慢地让这个事情不成为事情，这一关就过了。过了以后，就容易跟对方相合，就不会受对方击打的影响，身体就有智慧处理这个事情，虽然是接这一拳一脚，但这里边充满了智慧、感知和身心的训练，我们慢慢地把它弄清楚。

第三讲　发力的基本内涵与要义

蓄意

过去我跟师父学了好多年，都没讲过发力，也没讲真正的断手，平时我跟他关系很亲近，有的时候我有意无意之间就问这些事情，可能就了解得真一点儿。记得有一次，因为他常年不洗澡，身上有一种味儿。有一天别人就说起这个事情，他就把精神提起来往我跟前走，那个状态非常好，他说："怎么样？人不到，味儿先到。"他说完以后，眼神很犀利地看我一眼，我当时就明白了，别人还在那儿乐呵呵地当笑话听，我就很恭敬地跟他回应了一下，他就知道我明白了。就是断手的时候，"身外须有意"。这个很重要。

"身外须有意"，这个词太文了，王芗斋先生说"精神笼罩"，精神要笼罩着对方，跟这个是一个意思。师

第七部分 推手、发力、断手

父走过来,他那个气势已经跟对方相接了,已经罩着对方了。

志朗师父还讲了一个故事,他说,你看那些练硬弓的人,他只用小的力量拉那个弓,慢慢拉,有一个巨大的弓挂在墙上,每次拉弓之前都对它拜一下,就是不允许你碰它,他就要蓄心里这个无形的力量,蓄心力,这心老有想法的时候,这想法慢慢就会变成力量。发力也是一样。

师父一直不示范发力,不教发力,但他老说发力的事情,就是让你存这个想法。后来有一天,那是若干年以后了,我们俩在一起说发力的事情,他也是身体看起来没有动,用手在我身上抽拉了一下,就像抽丝一样,往回缩了一下,只是意识缩了一下,我突然明白了一个东西——发力不只是蓄力或者蓄这个形、蓄这个劲,更重要的是要蓄那个意。

当我知道蓄意的时候,我当下就明白了。过去人说,杨露禅的三个弟子全佑、凌山、万春各得杨露禅的皮、

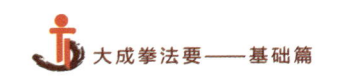

筋、骨，这话说得很有道理。当你会蓄意的时候，你就可以把意放到身外。蓄到什么位置？蓄到肉里就没有皮了，肉就是你的最外沿；蓄到骨上就没有肉了，骨就是你的最外沿；蓄到皮上，当然皮就是最外沿。这样一来跟对方搭手的时候，就能摘得开了，就能理得清楚，如果我定位在皮上，我就让对方的力量止于与我皮交接的地方不能过来，不能进入皮；如果我定位在肉上，有一种推手叫"吃着劲推"，那就是在肉上推；还有一种是定位在骨头上，那就是杀进去杀到骨头上，就没有肉和皮的概念了。这样一来，我们以前所学的知识就要慢慢地都用出来。

自身发力与身外发力

我们说大成拳是练虚合道的拳，它动的是灵机，"意气君、骨肉臣"，《道德经》里有句话叫"后其身而身先，外其身而身存"，这就是用意不用力、功夫在体外的一种状态。

大成拳用的是虚灵之意，拿虚灵之意作为根，"虚"是主体，所谓的道体就是这个"虚"，我们说势在身外，就是"身动起相外"，就是"无念而行"。这样一来我们就很清楚，实际上发力有两种，一种是自身发力，另一种是身外发力。自身发力，这个劲道是自身主导的，以自我的动为主体。身外发力，你的动是不自主的，是由身外的动引起的，用王芗斋先生的话说是"风中旗，浪中鱼"。太极拳宗师王宗岳说是"以心行气，以气运身"，他这两句就是说以身外的动而动，他说的就是拿外边虚空大地的生机之气运这个身体，外边的天地之气怎么动呢？以心行气，就是以独灵不昧的那种生机引发外面这些虚空之动，就像我们常说的，一条船放到大海里边，水的动就是船的动，是这个意思。

自身的动和以身外的动而动，有人叫"有为法"和"无为法"，有人叫"后天的"和"先天的"。从史料上看，民国时有些武术家悟到了这些东西，但是他们的动还是自身的动。

发力的自身基础

　　发力必须有个自身的基础，王芗斋先生说"自身已具备，反向身外求"。首先你必须具备能随外在之动而动的身体，那自身的条件是什么呢？第一就是肌肉放松，要产生所谓的松沉的力量。第二是筋要柔顺，要有筋弹力的基础和力量。第三是骨正而健，发力时要求自身骨节要正，就是关节要顺达，不能出偏差。

　　王老先生说"力生于骨而敛于筋"，"筋长力大，骨重筋灵"，还说"筋伸骨要缩"，这是发力的一个具体方法。骨灵是什么概念呢？就是骨和筋的关系，阴阳相济的转化无障碍，骨灵了，劲就实了。

　　今天讲的这些慢慢地听，要理解。为什么不能一下就直接操作练呢？道理不明的时候，一练大家又练到惯性里边，不是真正的发力，因为发力、推手、断手这些东西，一落到自身的习惯状态就把站桩、试力、摩擦步的功夫浪费了。我们现在一边讲发力的知识基础，一边通过听这些东西又检验、帮助提高站桩、试力、摩擦步的功夫。

我们再说说发力的基础。人身最大的两个关节，一个是肩，一个是胯。我们站桩的时候，后胯一定要掖得住，前胯一定要虚灵着跟外在相接相合。前胯，实际上说大腿根、腿腋窝的地方更准确点儿，这个地方要虚。"前胯跟外在要相接相合"这是一个新的概念。

再说一下"小腹要长圆"。所谓的"虚心实腹"，腹部要满，满的这个状态要跟外在发生关系。发生什么关系呢？就是把小腹和手的意识连起来，过去老人常说"气如火药，拳如弹"，就是要让小腹这一块儿（所谓丹田这一块儿）要有灵性，它的灵性表现在它的一举一动和手要有关系，和脚要有关系。我们还说，学大成拳不能认真，不能用较真的思维，有人问"什么关系？具体怎么弄？"不必这样想，知道有关系就可以了。

再说一个腰脊。整个脊柱一定要直。有人站桩的时候错误地含胸拔背，导致中气下陷，就不好。脊柱要直，两个肩膀要能蓄力，这都是基础。

全身的皮毛，王老先生说，"发力之前，全身的毛孔要竖起来，皮毛要炸开"，有一句口诀是"舌卷指拧扒，齿扣毛发炸"就是两个牙齿要相合，全身的毛发飞张，这种状态就跟外在的空气融为一体，这种状态要出现，这都是一些自身的基础，皮毛已经跟外在发生一点儿关系了。

慢慢地要了解，大成拳发力就是形意拳讲的"象形取意"，王芗斋先生升华了，说"精神多暗示，假借无穷意"。他的拳论里还讲"假借之力果能成为事实乎？"那就要超越自身的有形有相，达到一个无形的种种假借的状态，就是"无穷假借无穷相"等等。

第四讲　大成拳发力的形式与初步训练

大成拳发力的两种形式

大成拳的发力分两种形式：一个是摘开了发力；一个是黏着发力。就是一个接触到对方的身体（不管是接着了身还是体）可以发力；另一个是不用接触对方的身体也可以发力。接触到的发力，我们叫"接手发力"或者"搭手发力"；不接触的发力，就是一般所说的正常的发力。

接触和不接触这两种发力，在大家不明白"离黏随"和"粘连黏随"这两种状态的情况下，就会认为很麻烦，实际上知道"粘连黏随"和"离黏随"的时候，就知道接手和不接手发力是一样的，接手只是个形，不接手也是个形，神气始终是没有变，这是判断清晰不清晰、明白不明白的一个最重要的界定。明白了就知道是在神意不在形，不明白的就在那儿各说各的话。

自身发力的练习方法一：舒放的发

之前讲过几次发力了，具体要练，要会练，讲的那些都是基础，如果没有那些基础，也就没有一个理论指导，你就不知道怎么练。

我们先从自身练。自身练发力，这个说起来很难，但是做起来相对容易，就是肩、胯先活起来，然后是肘、膝能运动就可以了。我们说"缩即发"，缩什么呢？就是把胯一缩，把手缩出去。过去大成拳里没有人为发力这一项，这是方便之法。大成拳讲发力是本能发力，是有感知功夫的本能发力。所以我们练还是要有个基础，王选杰老师说是"脊柱的伸缩"，形意拳讲是"缩展"，一边缩着一边就展出去了。"缩"，就是骨节在一个归位的收缩状态；"展"，是筋在一个舒展的状态。"缩"和"展"要同时以脊柱和肩、胯为主，然后是肘、膝，肘、膝在

第七部分　推手、发力、断手

运用这个东西，但是不能执着在自己身上运作。如果完全在自身上运作，比如我们讲的"承接"，有些人在接的时候，他就执着于拿身体接这个拳，实际上没有接这个事情。当对方的拳打过来的时候，他只是活动，他没有接拳的想法，不执着于接拳这个事情而把这个拳接了，而不是拳来了，在这儿摆好架势接这个拳。我们为什么要说这个呢？发力的时候不是为了要发力，发力是被发的这个人他是不存在的，得有这种意识。

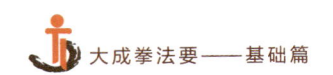

第五讲　练习发力的重要原则

发力的时候有一个很重要的原则，就是腰是活的，它不是"灵活"的"活"，它是"死活"的"活"，它有生机，是这样的"活"。只有这样的活，全身任何地方被人控制住，也能发力。为什么很多人会被别人拿住，就像过去很多人说，谁把谁发放不出去，因为对方的力量大。放不出去的原因是什么呢？就是两个力量顶上了。如果不顶，力量随便就过去了；如果顶，就变成一个东西，他自己就没有那个生气了，就不行了。

我们今天先知道一个肩胯，先用肩胯做这个事情。等有感觉了，王选杰老师说"发力也不用力"，就是这个意思，他有一个"韵度"，试力是在一个均匀的运行状态，在来回转关的时候要精细，不能囫囵而过，他始终在一个所谓的听劲的觉知状态。发力是这种均匀状态的刹那停止，而且神意不断。

第七部分 推手、发力、断手

我们练的时候，手心朝上的时候才容易生发生机，如果手心朝下，这个动作就容易断。只有手心朝上，打出去的拳才是活的，有变化的；手心朝下，这个拳就结束了，如果想继续，得重新开始；如果手心朝上它就没完。这就是为什么我们要练手心朝上的发力。

很多人练得腿死了，胯死了，底下得是活的。

发力不一定非要这样同一个姿势，有时候换个姿势、换个方向也行，这些都不重要，重要的是这个原理，而不是形体和动作。我们今天学这个简单的基础，然后我会把这个慢慢地讲清楚，它不在劲道、不在形式、不在招法，而在原理和原则。把原理和原则练到身上以后，你的一举一动都是这个东西，往里发、往外发、往上发、往下发，怎么都可以，别人抱住你，以为把你抱死了，你还可以自己往里缩着发，怎么都能发。我们现在讲的是舒放的发力，等练好了再说打击的发力。

第六讲　发力的几种划分及练习步骤

今天再清晰一下，之前说了发力分两种：一种是自然的本能发力，一种是人为的发力。还有一种划分为身外发力和身内发力。身外发力，就是以一个感知的心运用身外，由身外运这个身体，实际上身体和身外变成一个东西了。从功用上来说发力也有两种：一个是发放的发力，一个是击打的发力。这个要厘清。击打的人不说发放的事情，发放的人可能根本就不知道击打的事情，所以这两个东西不容易清晰。因为人在对抗的时候，很容易纠缠在一起。纠缠在一起的时候，就是我们说黏着、搭着、接着发力，要是不纠缠在一起就是断开了发力。现在发力这个问题越来越清楚。清楚了以后，我们从接手（身体的接触）开始练发力，把这个练熟练了以后，再练摘开了以后发力，这就很清楚了。然后练熟练了以后，由这个所谓的规范动作

第七部分 推手、发力、断手

（即入手时有个下手处）慢慢地变成随心所欲的动作，就是王芗斋先生说的"大动——小动——不动——不动之动"的动作，也就是说，"以形取意，以意象形，形随意转"，他翻来覆去都是在说这个次第和过程，还有这个境界。我们再练习练习发力，在练习的过程当中知道它的微妙，更容易学会它。

看几张薛颠、宋铁麟、郝湛如老先生的照片，他们都非常具有代表性。

宋铁麟先生拳照

郝湛如先生虎形拳照

注：宋铁麟先生拳照、郝湛如先生拳照由宋氏形意拳唯字辈传人仇建良先生提供。

薛颠先生拳照（照片来源于网络）

附：课后发力练习点评摘录

编者按：中国传统武术的根基是中国传统文化。中国传统文化教育的优势在于因材施教，武术更是如此。必须打破现代西方化的思维模式，才能真正进入中国传统武术的修习通道。只有明白这一点，才能从于鸿坤先生针对弟子习练的点评指导中获得真正的教益。

先说周鹏这个。我们一个人练的时候，过去王芗斋老先生说是"求虚中之实"的练法，就是你一个人练，你把外边的虚境要看成实境，这样一来，就不是自己在练，是你在对着这个环境在练，所以精神一定得拿起来。如果没有虚中求实这种境的话，那你精神就不能把这个空间布满。把空间布满，还不能执着落到一个具体的目标上，就是舒发，这是一个大的原则。如果讲自身的话，还需要不用力，还要把身体和手再分清楚，是身先动，然后才是手，手是飘出去更好。我们说"拳如其人"，过去很多人练拳，形成这样那样的风格，他进不到拳术的实相里边，他都在自己的惯性里边练，为什么形成这氏那氏、这式那式、这家那家？那都是自己的习惯。

建良这个，自身在一个比较完整的状态里头，比较协调、整体，但是严格地说，咱们现在讲的不是这个，刚才咱们说了，在自己的惯性里边，建良练过形意拳，从拳术本身来说，他的力量能到手上，这已经很不错了，但是还得慢一点儿，还得把身体合住了放空，这个要求高了点儿。合住了是身体里边那个虚境在合，合住了还是虚的，外边还是实的，但是你的精神还得布满这个外境的实。再练慢一点儿，力量再小一点儿，主要体会身体，咱们现在练的主要是身体的觉知力，遇到阻力后身体怎么起反应，这是很重要的。

向东这个也不错，但是还要把中气、神气拿出来，从脊柱和腰放到身外，手再空一点儿。咱们刚才说了，每个人练的都是自己的拳。你这是太极拳练的手上黏了，你把手上这个黏放空，不是说你这个不好，你这个练得手上有功夫，但是我们不要这个东西。你只要放空了，它就干净了，这种干净才能真正地起用。

沥斌这个也不错，总体来说我现在所说的这几个人都有感受，但是练得太快了，刚才不只是给周鹏、建良和向东说各自的这些东西，大家都缺一个东西，就是外境一定要实、神气要布满外境，布满以后，肩、胸要放空，手还是要再空一点儿，当你手上有劲的时候，它容易把身内身外统一的这个气练小了，练到自身的劲上了，但是从一般传统练法上来说，这都没问题，但是这个不够。我不知道说清楚了没有。

孙达这个比较好一点儿，他身上还是有功夫，他知道我说的是什么了，他里边那个专注的东西有了，只是有了，还得慢慢再体会，现在是神气、能量没有那种灵性，这是更高的要求了。就是心里要有一个确认，但是还不能执着确认，不能落到这个确认上，就是这个确认让它随心所欲地显现，就可以了。

雨潮这个做得太慌乱了，你应该往那儿一站，先把这个房间看一遍，罩住以后，身子晃两下，把手臂晃出去，肩背要松开，腹部，特别是腰和胯松一下，就把它送出去了，而不是做动作。你这个有做动作的嫌疑。我们所有的动作都是神气领着，以气鼓荡，就是以意运形，你自身在一个虚的状态下，就是我们说，第一步是虚中之实，把外边虚的弄实，然后把自身那个实弄虚。弄虚，但是还得有一个念、还得有一个灵机、灵性在运用这个虚体，跟虚空融为一体地运用，但是这个身体还得有个次序，是身体在运这个手。大家都听一下。

潘浪这个视频对大家都有帮助，这就是为什么过去没有发力这一说，就是在发力了，一发力就执着身体了，

第七部分 推手、发力、断手

因为你过去用过功夫，又练了这么长时间，王芗斋老先生教人的练法大家学不会，都变成这个样子了。一定要在身外。师父一直说，"发力都不用力，打人都不用力"，但是大家都学不会。你看建良那个用力，从常规的拳术角度来说也没问题，所以就勉强说没有问题，从严格意义上来说，你和建良都没有跳出用力的一个范畴，我们还是要学会不用力，这很难。过去王老先生说"不用力"，有些人没办法就说"不用拙力"，后来王老先生说"不是拙力的力都不要用"。王芗斋先师还说："静似海溢，动若山飞"，就是不用力的力。把自己作为一个整体在天地之间运用，而不是自己这部分运那部分。以身运手、以手运身只是方便，只有不用力才能步入以天地运身的通道。我们现在知道这个原理了，知道我们要追求的是什么，也知道自身在什么样的状态里边，这样一对比，我们就知道怎么学了。就是我们要了解，要知道原理，要知道自己心明眼亮、清晰的时候是什么状态，了解自己不清晰的时候是什么状态，慢慢地就进到一个不

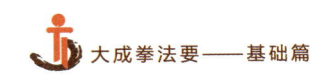

染着自己习气的一个实相状态。

最后再说一句，过去师父教我有时候会说，不要因为说你练得不对就没有信心，师父说他自己可能练得都不对。王芗斋先生说，他越练越不知道该怎么练，所以我们能进步就好。其实练的过程，能有追求的过程就是很好的事情。

学礼这个动作，缩的程度不够，刚开始的时候可以做得夸张，缩的时候把手缩出去，而且手是一点儿都不用力。建良那个做得手上有东西，有东西也对，没问题。但是咱们现在讲的是手上没东西。这些我们都要掌握。下一次我们还要讲手上有东西的练法。我们现在讲的是手上没有东西。

广军这个也没问题，我们过去练的时候，比如练矛盾桩、技击桩，有时候别人问师父："这个脚是向外还是向里？"师父就问："你认为呢？"他说："不知道。"如果不知道，向外、向里都不对。如果知道，向外、向里都对。广军这个发力，他是手出去以后沉一下胯，这是可以的。但是你得知道为什么，这样是干什么，否则这样也不对。你现在学的是沉下胯以后送手，你现在做的是手出去以后沉胯，它作用不一样，这就是打人和发人和变化当中的一些细微的技术。我们看薛颠、宋铁麟、郝湛如老先生的照片，就是他们各个状态不一样，心态不同、跟不同对手、感受不一样的时候的照片。

雨洁这个不错，练得很好了，前面劲能出去，后面也能追得上，就是慢慢地你体会一下，这个打人的时候可以，如果对方堵住你，你的手还能不能出来？我们练的是，从一开始，劲在腰胯上，（腰胯）前面都是虚的，有变化的。

为什么要虚呢？对方有方向，你的方向就是对方给你的方向。你一实，就是你跟对方连接的一个摸得着的状态，就是有你有我，就是你跟对方对立的方向。我是

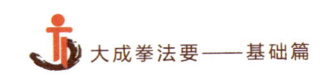

虚的，我手上没有，但是我身体还会变化，就把对方控制住了。说是这样，但是用不是这样，只是说它有方向，不要误解。你看，如果你有方向，一用劲就不行了。如果对方不用手，摘开了，我打他，又可以了。你看这个劲，从哪儿开始，到哪儿。如果打人，我这个过程当中，这都没问题，如果受到阻力，这就有问题了，所以就得所有的地方都散开，散开就没有问题了。所以雨洁这个拳练得那么正规，要散开了打这个拳。为什么过去说"乱拳打死老师傅"，因为他乱拳的时候身上散开了，散开了对方就不易挡住。

爱国这个也不错，也算是有基础，但是不是咱们教的，咱们教的是对方过来，它可以没了。我今天给雨潮的儿子讲了承接，有人过来，他躲开了，躲开了就是断开了，跟对方没有关系了，也就对对方不产生威胁了，对方可以继续追，一直追。你闪可以，不能躲，闪是攻击武器要保持住，把对方放在胸上，要拿住对方，对方

第七部分　挂手、发力、断手

过来，我胸口迎着对方，所有地方都是散开的，胸口这个地方要吸着对方，是这个东西，发力，包括承接都是这样。

承接，得有对方的拳，有这个身体。你打我，我做这些事情，你打我这个事情是不存在了，这就牵扯了第二个问题：你这样，我可以，如果换个人，我还行不行？比如刘红国，那么壮，我还行不行？老拳谱上讲，"相对如婴儿，举手不能逃"，你把所有的人同等观成婴儿，无分别，这是功夫，但是这个比练有劲难多了。

招国这个也不错，就是手上有东西了，手上再没有东西，和对方就形成一个东西，对方是你手臂的延伸，而不是你手臂的对抗。

手上没东西，身体才能看住对方，才能用这个东西。如果手上有东西，就被对方控制了，或者是跟对方发生对抗关系，手上没有东西，让对方处在为你所用的地位，就是我们要用对方，而不是跟对方对抗。

第七讲　推手的训练方法

神接意打

推手的训练是以神御形的方法，只有把"神接意打"这个概念建立起来，才能从骨肉的劲道里边摘出来，如果用骨肉，就很容易对抗，就是你来我往的骨肉的形式、劲道的变化。大成拳的劲是神意的劲，欲得神意之劲必须形要断开，就是与对方要断开，也就是推手、断手的状态，人们推手的时候不容易上手，就是因为在形里边用劲，所以不能断开。我们前几次讲了，推手中形接触是一个假象，实际上这个时候是神意在跟对方你来我往地周旋变化，形是个假象；断手也一样，断手是神意跟对方周旋，形是没接触而已。那么我们试力、摩擦步就要以用为练，练的时候是以用意在练。它的通道，是这种形式用似有意似无意的机和势、意境，把这些东西越来越熟练，要得机得势，用的是意，练也是练这个意。

以"中"的状态去用和练

练的时候，始终要以"中"的状态去用和练。"中"的状态是什么呢？很多人说大成拳是"守中用中"，守的是什么中？用的又是什么中？我们说，中是整体，中就是机，中就是得势。那整体又是什么呢？一个整体里边有松、有紧，或者有攻、有防，这样一来，"中"就是由三个东西组成的——攻是一个、守是一个、整体是一个；或者松是一个、紧是一个、整体是一个。中国文化里有一分为三的说法，一分为三有两种说法：动、静和动静之机；另一个是：动、静和整体。就是松和紧、攻和守、动和静、虚与实，它们是在整体里边做这些事情。我们对敌的时候，就要知道对方的"中"，知道自己的"中"。打什么呢？就要打对方的"机"，"机"是什么呢？只有知中、知整体，目的才不会丢。他的动静的静处、他的虚实的实处，要打这些东西。自身这个整体里边的虚实是什么呢？就是身外的意是要放在你要打对方的那个机上，其他地方是应机而产生的变化，这话的意思就是，你对敌的时候，身上的智慧它在产生一个防守的系统，你要集中精力打对方的不能变的地方，或者是显现的地方，或者是步法僵滞的地方，或者是腰不贯通的地方，它会显现出来，即是断劲、断意、断神，也即所谓断手也，这个我们以后还会讲。

第七部分 推手、发力、断手

第八讲　体认发力与基本功的再次深化

各种拳术的力量与真实的发力

如果有了解中国武术演练的人，就会看到有些拳术的发力，比如说太极拳有松、活、弹、抖等各种爆发力，形意拳的各种力，南拳的各种力，少林拳的各种力等等，有些感觉到冷、脆、快，但这些都是人为的假象。你看拳击、散手、摔跤等自由搏击，你看他们真正的实际操作，包括街头打架，所有的真实对抗操作，没有一个力量是拳术里那种演练的力量，说明它已经是文化了的拳法，是有序了的模式，把本然的东西演化成模式，就成了假的，但是这个很吸引眼球，人们往往都在这个模式里边生活。那么真实的是什么呢？就是很朴实的东西。

例如太极拳，真实的劲力是动静之机那个急应缓粘连黏随，就是以身体（所谓的以"中"）运四肢的轻灵、

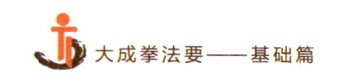

稳固，他跟对方接触以后是往回的劲，人们说太极拳是防守性拳法，就是等对方的力来了以后化解的拳法，但是还有一个"中"，要把这个"中"练得很大，他才有能力与对方的劲力阴阳相济，否则就不堪一击，"中神"要树起来才行。如果练成乱七八糟那种发力、摔人等等，遇到有人叫阵不敢出来对抗。为什么不敢呢？就是那种"中神"没有练出来，都不大，没有跟对手阴阳相济的能力，有了这能力才行。

　　再说说形意拳。形意拳讲究"力如火药，拳如弹"，这是原理和原则。但是学的人不容易自悟，传承的过程中还有五行拳，分成木、火、土、金、水的属性，后人理解成了相生相克，其实这是基本功，是方便之法，再有十二形，是对敌之法，有十二种可能的趋向，运用的法则，它都是五行力量的属性在用这个东西，后来人们又发展，有经验的人觉得，人们容易落到这个形里边，容易搞错，误解，就编了"闸式锤"，就像开闸一样的，伸手落手势不可挡，就是这种趋势、取向的传授。有些

第七部分 推手、发力、断手

人还不放心，又搞了"洪锤""八字功"等等，想把这个事情说清楚，但是这样就变成了所谓的文化拳。王芗斋先生说，他小时候跟郭云深老先生学拳，郭云深老先生站完桩以后就"通、通、通"地打气锤，发力，没有什么式，没有什么形，没有什么规矩模式化，这才是本然的练法。有些练形意拳的人就说，郭老先生是没有学全十二形才这样练，这是错误的认知。实际上郭云深老先生才是本然的练法。所以才有个说法，说能顶李洛能老先生门户的人就是郭云深老先生，这足以说明他的练法是本然的、根本的。我说的原始不是说越老越好，它是接近于本能这种原始，这是最好的、最实用的。

大成拳的发力的实质与深入练习

那大成拳的发力呢？王老先生在形意拳等基础上找到了一个便于学、便于练，又能恢复到本然状态的练法，叫"搭手发力"和"摘开了有距离的发力"，从空间

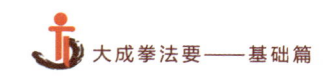

上而言是这样，但从性质上说，它分"穿透力"和"惊炸力"，这更加清晰了。我们一直说，"离中虚，坎中满"，不管是太极拳还是站桩，都是"坎中满"的入门方法；形意拳是"离中虚"的入门方法，他要把力量练到梢节才行，只有练到梢节、练到拳脚上，才能"气如火药"，那种中虚的东西才能把四肢的实运用出去；太极拳只有四梢虚了，才能把对方接回来。王芗斋先生的拳法，"似尿非尿"的功夫是第一步功夫，就是觉知自己，把意放在自身的一种练法。紧接着一个要领就是"似笑非笑"，也就是"离中虚"的练法，要把劲道练到梢节，王老先生说"四项用力"，也就是手腕、脚腕用力，我们一直说就跟帐篷一样，四个腕固定着身上动起来。"似笑非笑""似尿非尿"就是形意拳和太极拳的原理融为一身，在具体形式上，他为了方便大家学习（按道理是没有的），他提出来"以身运手"，就是以自我为主运天地，就是我的动就是天地之动，中枢要有一股灵气，拿它运天地；还有一种入手的方法是"以手运身"，就是以

第七部分 推手、发力、断手

天地运自我，天地之动就是我动，即"天地之动即吾之动"，就是要用灵明不昧那种灵性把天地给运起来，把自己融到天地里边随天地运之。我刚才说了，这都是方便，不管是"以手运身"，还是"以身运手"，不管是"拥"，还是"摸"，到最后都是无手无身，任运自在。

"似笑非笑"、"似尿非尿"，身体就在一个准确的觉知的上下贯通、内外贯通的状态，这个状态就是一个整体状态，这个整体里边又包含了身手、上下、内外，所以既是整体，又是虚实，又是松紧，这样一来我们就知道，试力是桩的正确的认知，在试力的过程中，知道身手互运的变化之妙，知道身动的原理了，知道手动的原理了，越来越清晰了。

我们知道练的时候，"似尿非尿"是'坎中满"，是窍要，稍微要提肛，脚要提地，手要吸附，只有这样，整体的结构才能放大于虚空，所谓的"紧缩谷道内中提"是敛，但是还得敛着放，这样越来越通透，越来越清晰，就知道虚实和自身的显现关系，也慢慢地知道站桩要从体会大的方向入手，而不是一上手就落到细微处。从肩胯断开，就是从互为根用开始，肩胯互为根，互为用，然后知道阳面饱满，就是外在饱满，身体虚化，这样体会身体不动之动的机和势的不二状态。我们还会逐渐地把站桩、试力、摩擦步一层一层地往深说。

如果练波浪试力，就要明白从单重开始训练。单重是什么？出去的时候是身体把手臂放出去，手臂是虚的，如果手臂是实，身体是实，这就是双重，这就清晰了。这只是动的练习，随着动作的熟练，就跟站桩一样，练动作的时候外形不动，里面千变万化，有拥有摸，不管拥或者摸，外形都不受习惯影响，试力更是如此，练试力的时候必须这样，试力完整的动作的轨道里边，有一个意识点在运行，试力就是试这个看不见的意识点，或者在试力的通道里边，这个意识点是实的，其他的都是虚的，或者说是以这个意识点为主宰，运行在试力的轨道里。

我们立禅的时候，对身法越来越清晰了，就是顶要虚灵，肩微张开，腿要有弹性，心口放松，稍微收搓谷道，口微张，心法就是身是君，手臂是臣，"意气君来骨肉臣"，呼吸是喉头呼吸，要懂得"视而不见听而不闻""似笑非笑"等，这些虽然是简单的要领，但是经过学习，知道有"大身"，站桩不再是过去的站法，升华了，是大身而蓄，不是自我这个身了，虽然跟虚空连接是这个身，但是它是蓄的，不是发的，只有蓄才能相应万物，才能跟外边相应。如果知道掖胯，使腰胯有生机，有活性，这样就会运用腰腿、腿脚了。过去只是运用腿脚，你现在要把地观空，地不是障碍，运用虚空，也能运用大地。拳论说，打拳发力"消息全凭后足蹬"，后足蹬什么呢？不要蹬到实地上，要蹬到虚地上，后足虚蹬，才能发力，实蹬就又落到有形的身体上。

我们学习的过程中，随着见地越来越真，同一个姿势，同一个动作，练法、层次完全不同，只有这样一层一层的，才能进入一个真正无碍的、觉悟状态，也就是把有障碍的东西、烦琐的东西，慢慢地排除掉，就进到一个随时能起用、随时能觉知的状态，这才是我们练的目的。

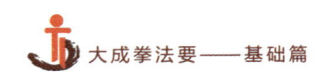

第九讲　用与练

我们要明确一个概念——"用",很多人练拳不能用,就是执着于"练"了,在练里边没有出来。这里说的"用",不只是技击搏杀,更重要的是生活大用,把练的理用于生活,反过来用生活检验练的理,不要沉浸在练里头不出来。要会用,以用当练。

过去一些老武术家,他对书画或者中医都比较了解,或有涉及,所以有些老先生就说,"有些中医只知道方子,只知道药性,但是不会治病。有些人只拿着方子来找患者。"有些人写字也一样,他只是一笔一画地写字,让他整篇布局表达心境,可能就做不到了,这都是没有立足于整体来学习,来实践,来运用。这就跟有些人练拳一样。

我们从"果"上说,或者从"因"上说,都是一样的,如果从"果"上说,我们讲用的是神气、虚灵、生

第七部分　推手、发力、断手

机，拳谱上讲，用的是"形断意不断，意断神犹连"的连续的意境，就是他每一个动作得有完整的均衡性，间架结构、虚实，各种运用起来流畅，就是身外的意跟对方要有关系，这样就是在运用对方，不执著自己的身体，身体是通灵无碍的，这是身体用对方的一种方法。

那它的基础是什么？就是从骨肉、从形上，也就是从因上，找这个东西，就是让身体要浑圆饱满。浑圆饱满，我们具体讲的是：站桩的时候有上下左右前后的所谓的争力。那我们要依实体建立一个虚体，用实体练这个虚体。现在把这个再慢慢地复习回顾。为什么反复地这样讲呢？反复都不够，要不停地讲，把这个要建立起来，在生活当中也是这样。

初练的时候，意和形分不清楚，混淆在一起。当有一定功夫后，意和形分清楚了，但是在这个过程中，容易把形和意看成两个东西，就像我们常说的把形放在意里边，即用意不用力。实际上还不究竟。我们练的过程当中，要形、意在一个不二的状态，把形练成意了，让那个意变成形了，这样一来，身就是意，身也就是身，它不是两个东西，但是它确实是两个东西，我们叫"一如"和"不二"，"形意不二"的一个状态。这个状态用起来才方便。

"形意不二"，说起来很容易，要做到不容易。那我们必须从形下手完善这个形，否则就像王芗斋先生说的，"形都不似，何谈意乎？"怎么完善形呢？练的时候以"节"为主——关节的"节"，就是肘要撑、膝要顶、头要顶、脚要扒、胯既要坐又要提等，所有这些东西要完整、均衡、饱满，从身上要找这些东西。

用的时候用什么呢？用这些东西练出来的功能，不能执着于这些东西，要让它饱满的功能显现出来，所以为什么才有"形断意不断，意断神犹连"的说法，练是让每一个细节都到位，用的时候是发挥每一个细节的功能。就跟写字一样，练的时候要有法度，用的时候要有神采，这样一来就不拘泥于练的东西。很多人练的拳不能用，就是因为他执着于己身了，用的时候是把自己身

第七部分 推手、发力、断手

体的那种功能发挥出来就可以了。那我们说,"练"是以"用"为基础、为条件的练,理论、实践、修正都必须始终遵循这个原则,否则的话,就落到一个自我陶醉、自以为是的练里边去了,跟这个用就相去甚远了。练是为补用之不足,用的时候缺什么练什么。

那我们慢慢地,形和意在一个不二状态的时候,就可以慢慢地学断手的一些基础原则和原理了。百会到两脚之间这条线要经常树起来,所谓"常树不断",这是最重要的。那这个树就要有个基础。什么基础呢?有形的身体在树着,无形的神意也在树着,这两个东西是一个东西,不二的状态。第二个要做到的基础就是,肘要拉横,我们说"肩撑肘横",只有肘横起来,身体才能用到树起来这个势,它是一个均衡之势,这个势就包含了神意和身体。这两个要领很重要。第三个要领,就是在前两个要领的基础上,肩与胯要合。肩与胯合,肩的意与胯的意也要合,只有形和意统一了,不二了,才能这样说,才能这样做到,才能不拘泥于形式而在实质上达到这种状态。这是对身法的要求。

那我们有了这三个基础的身法,再讲心法:"有人似无人""精神要笼罩""相对如婴儿",这都是很重要的心法。它的练法就是"无人似有人",如临大敌的练法,也就是没有人的时候,你要训练你的精神,跟如临大敌一样。王老先生说是:"三尺之外,七尺之内,有刀枪剑戟,毒蛇猛兽",你这个时候心还须静下来,就像写字一样,你写草书的时候,还得把心静下来写,而不是狂乱地写,古人说"匆匆不及草书",就是说你心乱的时候不能写草书,这是一个道理。有些人做健舞或者做事的时候是浮躁的,越是激烈,越是用那个静做这个事情,而不是用狂乱的心做这个事情。

训练的方法,我们说了,有推手和断手,有"粘黏随"和"离黏随",你在推手当中,能不能用对方,你的意境能不能跟虚合在一起,能不能得到形和意一体的整体状态,是用身上的劲呢,还是用意劲?如果用身上的劲,就较劲了。有人对王先生说:"我用的是巧劲。"王先生说:"没有巧劲,只要不是神意之劲,身上所有的劲都是拙劲,巧劲也是拙劲。"这就分得很清楚了。

今天我们主要讲的是身体(所谓的骨肉、形)要和神、意、气成为一个东西,而不是两个东西,这是通俗地讲。如果准确地讲,就是"一如",它们是"不二"的状态,就是它们的意境,虚空和实有是一体的。

第十讲　用功的方法——次第不同，用意不同

有人问是"力如火药拳如弹"，还是"气如火药拳如弹"？我们今天再深入讲一下。比如说站桩的时候，有时候跟人说胯应该怎么样，脚应该怎么样，肘应该怎么样等，这种说法是对的；有时候跟人说眼神应该怎么样，似笑非笑，心口窝应该怎么样，似尿非尿的时候带脉应该怎么样，这种说法也是对的；有时候跟人说，耳朵听而不闻，眼睛视而不见，身体要融到虚空当中，这都是对的。这么多要领，那怎么练呢？所以就比较糊涂，这是因为每个人的状态不同，入手的方法就不同。我们经常说从形上入、从劲上入、从意上入、从神上入，都不一样。这个劲道又分成很多次第的东西，有"身如弯弓拳如弹""力如火药拳如弹""气如火药拳如弹""神如火药意如弹"等。"力如火药拳如弹"这是《拳论》上写

第七部分 推手、发力、断手

的，过去师父教的时候往往就会说："次第不同，用意不同，它是一层一层的。"知道一层一层的，就知道用功的方法，那就简单了。

我们练试力的时候，练摩擦步的时候，要把这个形练对，然后在发放的时候，这个劲要对，就是要以"用"的心态"练"，才能练；然后再进入用的状态、用的境界里，把神意拿出来，这是第三层；第四层，让这神意变成本然的状态，就是无形无意，无神意这个事情。这是我们说的第一重、第二重、第三重、第四重境界。平常的教和练法是把这混在一起不清晰的，大家也在混在一起学，就不容易学会。我们讲完这些基础以后，我们再讲"什么是大成拳"的时候，大家就容易听懂了。

有些人似懂非懂的时候，他认为姿势不重要，神意很重要，不是"但求神意真，何须形骸似"吗？这句话没错，但是没有姿势是不行的。王老先生说："姿势是神意的代表，按照轮廓来说明神意，所以姿势也是需要的。"有人问站技击桩的时候，前腿膝盖顶和不顶有什么

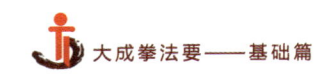

区别，为什么一定要顶？王老先生已经说得很清楚了，姿势的轮廓就是意的表现，如果膝盖不顶，胯不掖，不能勒得住，神气就没有虚实，神气就没有力量，因为形和神是松散的。我们通过以往和现在讲的这么多内容，就可以讲"大成拳是什么"了。

第七部分　推手、发力、断手

第十一讲　再谈大成拳是什么

大家心目当中都有个大成拳，大成拳是什么呢？

大成拳是"本能之拳，一法不立"，这是第一条。老先生们说是：无招无式，良知良能。我们前面学了这么多，现在是不是就明白了前面讲的所有的都是原则、原理，都是恢复、培养、激发固有的良知良能的法则。我们讲了，它是分次第的，就是从显现的形，到形背后的劲，然后到主宰这个劲的意，和劲形成不二状态的意，还有笼罩整个形、劲、意的神气，这样大成拳基本的一个概念就清晰了。

第二条是，"动静处中，有感即应"。我们前边学的所有的要领，都是为了"守中用中"，都是为了"有感即应"，所有的守中用中的方法——人体的结构、间架、路线，动作的原则、原理，都是培养这个守中用中和有感即应的，就是一法不立的时候，本然拳法的显现，我们了解的所有动作、劲法、打法，等等，都是建立在本然拳法和"守中用中"之上的旁枝末节。王芗斋老先生门下最喜欢断手的李永宗先生曾经很感慨地说："在没有练大成拳之前，我练的形意、弹腿等所有的招式都不怎么好用，练了大成拳以后，所有的招式都好用了。"他说这话里边的道理就是：建立在本然和动静处中的基础上，有这个大的平台，那些技术才能建立起来，才能谈得上用。

第七部分　推手、发力、断手

第十二讲　以静制动的原理与训练

以静制动

中国式的拳法都是"以静制动"的拳法，只不过有些拳认为的"静"不究竟，他认为不动就是静。不动不一定是静。一个人坐在那里，心乱如麻，你说他静吗？大成拳的静是接敌的地方，手臂要静。手臂静的标准是手臂没有想法，就是没有"识"。没有意识，没有想法，它本然的智慧才能出来，才能没有方向，没有方向它才能有感知力，有感知力才能应敌。身体所有的部位不能障碍这个感知，这个感知才能用。全身所有的要领都是要配合这个东西，顶、扒、提、掖、缩等都是为了用的时候方便，一用它就能出来。用它的时候，只是它，如果有身体就是双重，如果没有身体，遇到阻力的时候它才有无穷的变化，如果有身体，他要顾及身体，他就不空，不空的瞬间就是对抗，就不是感知了。试力就是解决这个问题，第一阶段的站桩不完全能解决这个问题，加上第二阶段的试力，然后到第三阶段，试力和站桩成为一个东西，这就能解决这个问题。

怎么才能练这个以静制动呢？就是试力是没有方向的。就像一片树叶在空中飘着，它是没有方向的。手臂跟这个树枝一样，它不能死了；手臂跟树枝还有点儿不一样，手臂如果加上人为的东西，遇到力量过来，它跑了，它消极了；树枝它有属性，有弹性，这才叫"粘连黏随"呢。敌进我退，但是后边必须没有身体，如果有身体，手臂一过来，身体在这儿，影响手臂，所以要把这个身体撤掉，光有手臂，力量来了，它有无限可能。身体所有的变化都是为了它有无限可能，身体要具备这种功能。这个时候才谈得上松紧、虚实这些东西。

不管是波浪试力还是别的试力，都要慢，只有慢的时候，你身就像风一样，这手就像树叶一样，随风而动。

练的时候就像王老先生说的："一指之动就是全身的

第七部分 挂手、发力、断手

动。"其实这一指动的地方是没有动的,全身在配合这个,所以它是整体。你看,我们试手上的力就是全身的意在虚空把这个打击对方的工具放到虚空当中飘荡。身体就跟空气一样,跟风一样,拳头就跟刚才说的那个树叶一样的,树叶自己不会动,全是随风之势。

从思维往心里边走,从心往身上走,体会一下。

以身运手,掖胯、肩撑肘横、扒、提,这所有的元素都是让你的身体能运这个手,而不是练这些东西。练的就是这个手不动,身运,只有你身上合适了才能运,那些东西是帮助你干这个事,那是工具,那是手段。不能老纠结你这个胯掖了吗!那里动作对不对!这就是王老先生说的"但求神意真,何须形骸似"。不能束在形上:"你这个形不对啊?你这个姿势跟那个谁不一样啊?"一样有啥用!就是要知道它是什么,那些都是帮助你干这个事情。

身想要运这个手,身上得干净、得空。身挺着动不了,身运不了这个手,那只是手在动。手臂的外侧好像有东西压着，始终在一种接的状态，里边没有。里面有个身子，要想这个身子也是没有的，身子没有了才自由了。身子没有了，就是个手臂在空中，如果能粘到与对方相应，对方的力量大小都没问题。身子怎么解决的？身子得练空不能练到身上。但是身上还得有能量，空了、有能量，身才能运手。这个树枝是没有动的，这个是位移，它是没有动的，树枝是外力压着的。但是有些人你搭上他的手，他的手自身感知属性没有，手自身的属性要有，它不能这样一搭没有感知力，这个也不行。它得有感知力，但不能有意。现在就知道什么叫"惊炸力"，就是无意识的力。什么叫穿透力，就是有意识的力。我要把你打透就是意念要贯过去，要穿过去。惊炸力是突然就炸了。

为什么说大成拳不是对打的拳，它就是把对方的身体和心这两个系统给打分离了。有个名称："叫"，把对方叫僵了。我出去有两套系统，一个是摄你心魄的系统，一个是手的系统，瞬间对方就在一个两难的境地，打对方的两难境地，对方是没有能力的。这是大成拳的技术，它没有这拳怎么打，这脚怎么勾这类具体技术。普通人都想要学形上的你抓我一下，我怎么接一下这种技术，我们要超越这些技术，把抽象的原理练到身上。

把身体练空

先要知道什么是空，空就是零，就是不杂染，就是感知相应的基础，是无念。多站，站对了就行，站不对是僵硬的。这样站都能站对。满也是一种空。这个拳有两个境界，一个空、一个满。

很多人说站桩就像在那儿抱气球，实际上手臂内侧一定是空的，手臂外侧一定是感知的，身上一定是空的，满着空，胸不能弱。我们练的是气机，胸肋之气要拥，要迎对方。你站桩的时候，胸应该能跟对方合上，别人不能摸，一摸就跟对方合上了，不能一摸就缩回去了。

我们讲了以静制动的原理。那么试力的时候怎么才

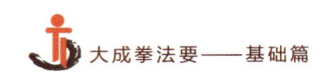

能在一个静止状态呢？就是形往出走的时候，意往回收。它就在一个中和状态。意力相逆，力往前，意往后，它达到一个平衡的状态。回来的时候，它回不来，意放到前头，所以它在一个没有方向的状态。形要回，意要出去，意拉着它，不让它回，这个身子要空掉，没有身子。出去的时候没有手了，有个东西拉着它，慢慢地飘出去。回来的时候没有身体，两者只能有一个。意力相逆做到极致的时候，慢慢地意和力就成为一个东西了，意力合一。即使位移也不执着，碰到东西碰不动它就回来了，碰到虚的东西它就进去了，不需要意再控制这个形，它本身就是意，就是形，成为一个东西了。在你不会用的时候，对方有力，你马上被打回原形了，就变成形体，意就没有了。你练到功夫越来越深，任何时候都是意体，遇到紧急的时候，它就是意体，它不会变成形体，那是真正的功夫。

　　王芗斋先生说"大动不如小动"，"小动不如不动"试那个不动之动，"意力在矛盾当中，形和意在争力"。

第七部分 准手、发力、断手

这实际上是站桩的升级、细化，还是站桩。因为它有一个不动之动的机了。有些人站桩就是一个间架耗在那里。现在深化了，它活了、它用了，有动机了。按道理站桩就是这样。为什么没有这样？你第一步就达不到这样。我们说，大成拳一个功夫就是站桩，一个技术就把桩站对，这是第二层功夫。

试力为什么不能动呢？你一动它容易出方向，容易失去感知力，所以老先生说"大动不如小动，小动不如不动"，他就练那个不动之动，用那个不动之动在感知，这就是试力。两个人练试力就是双人搭手试力。你用的过程当中他要解决，他会用更大的力，或者是跑，或者他又出现很多种状态，那你一直在用，说起来是很长时间，用就是一瞬间就结束了，因为你始终在控制着他，他一动，你按一下，控制的关系已经形成了，只要谁妄动，就被控制。所以看谁手上干净，看谁心里干净，看谁没有，连搭这一下都没有，只有意识接着。这个时候他就会找这个手，找的时候心是慌的。对方手没有了，对方目标没有了，对方心在这，目标在这，是这种状态。

慢慢体会，别认真，体会那个意思。就这么半天时间，功夫也下不到。好好体会，把那个意思要理解，理解了，慢慢就会了，不理解，怎么用功都是白用功。

为什么要练上下步推手

为什么要练上下步这个推手？这个东西很重要。这虽然是个模式，但是在这个模式里，慢慢地体会、感知对方。如果对方形破体、力出尖，用劲、有想法，就为我所用。所以越是紧急越要无我。但是人们的弱点就是，越紧急越自我。慢慢来，练什么用什么，用的时候自己要完整。要用对方，紧急的时候就用那个紧急，再紧急都要用对方。其实你越在紧急的时候，对方那个心越脆弱，他光想抓住机会了。说太极有个口诀说"不贪"？就是要"守中"，控制的时候要恰到好处，不能再用力了，一用力就给对方提供机会了。推手就说"不贪不欠"。欠，

第七部分　推手、发力、断手

就是不够，贪就是过了。要"用"，就要用对方，就把这紧给解除了。用对方，就要想到我"用"，不是躲。他总有一个出口让你用上，推手就是找那个。当你时时处处都找到推手的时候，慢慢就断开了。断开了，一看这人，他站那儿打他，他动就打他，他睁眼打他，他闭眼打他。不要练成套路了。

先练基本的。练熟了以后，再各种变化。功夫是有限的，变化是无穷的。

练的时候，要喂着练。熟了以后再加力。它有变化、有时机、有各种运用，都要有。现在是练习，就是要把往哪儿去这种感觉要找到，把这个练出来。用的时候，慢慢地增加难度、增加力量、增加角度、增加时机。增加时机就是，两个人照面之后，这里还没挨着，就接上了。我们练习不能把这个东西练死了，要学这个规矩。要不然站桩站了一身的劲，你一上手还不知道去哪儿。一上手得知道去哪儿，要不然，对方一用力，自己还在顶。是不是？对方一用力，自己有各种的变化才行。要会学，一步一步练，活学活练。

附：答疑摘录

问：站恢复桩的时候是要放松，但是站伏虎桩的时候，好像不用点儿力撑不起来的感觉。还有这个前膝顶后边胯要勒着，如果是还是那么松的话，好像这个间架就散了的感觉，是不是还得用点力？

答：它不是不用力，也不是用力。大家问这些问题其实就是一个问题，就是不清晰。所有的问题都是不清晰造成的，比如说恢复桩不用力、伏虎桩用力、试力这样那样的问题。你得清晰这个恢复桩练什么，它是什么，先练出来什么，然后练别的桩的时候怎么用恢复桩练出来的东西，这样就清晰了。练恢复桩首先要清晰这个理。你看学这么久，能听进去的人很少，一边听一边练都不是按照我们说的练，都是按照自己的习惯在练，所以最后又会出现一个不清晰，后面就不能贯通。

第七部分 推手、发力、断手

我们说从胯到肩这一块是主体，站的时候用这个身拿着这个腿在地上站，而不是身体堆放在这个腿上。那手臂也一样，身是主体，这个手臂长在身上，而不是手松沉以后给身体增加负担。若增加负担身的灵性就没有了，身的灵性就让它给影响了。现在清晰了，拳脚、手臂和腿脚，都是身在运用的，身是它们的中。如果拿自身的身体分天、人、地的话，头和手臂就是天，身就是人，脚就是地。天、人、地在一个人身上就分清楚了。

这是外在的对这个形和力的一个认知。只有这样这个形体才容易恢复到一个所谓的先天状态，没有后天用力习惯的状态。后天用力习惯都是用手脚，身上不动，身上没有灵机。譬如提个东西他不会身体悠起来一下，唰，来一下。他不会这样（演示），这才有力量。打人的时候，他不会含过去合着劲，他身上是没有灵机的，所以我们要把身体这个东西调动起来，这是形和力。

在心法方面就是你得似笑非笑，似笑非笑身上的灵机就大，只有似笑非笑，有用的身体跟外边才有可能连接，这个时候自身的小天地才容易跟大的天地融为一体。那你要手合虚空，我们就是说身若浮萍，浮萍你得跟这个空气有关系。顶若<u>丝悬</u>，<u>丝悬</u>你得跟虚空要有关系。脚若踏空，把这个地要观空。你这虚空、身体、地形成了一个大的天、人、地。你看原来普通练法得劲的时候身上是死踏在地上，我们得劲的时候，是整体轻灵，跟外边一体，得这个劲。

恢复桩练到这个程度，再练伏虎桩，你就不是用手在这儿扶，你是意，就是连接那个东西在扶这个东西，不再是手，所以你手不能用劲，你手一用劲就把那个意给破了。这个时候如果你用到身上就是拥着练，用到手上就是摸着练。这个问题就解决了。拥着练就是把对方合过来。就是我们说心贴心嘛，朝对方过去以后把手忘掉，不管距离，用身体往他身上走，这手才能闲下来，就是一下（示范），手闲下来它就过去了，要不你这个手就不能用；如果在手上，拿住以后（示范）手就过去了，没有身体。这就是拥着练和摸着练。道理清晰以后，你

第七部分　推手、发力、断手

的桩就会站了。

慢慢养成习惯以后，打人的时候，用的就不是手臂也不是身体，是用大。打的时候不是这样，打的时候要疯了一样地用，就跟狂风暴雨一样，这样才行。咱们现在还没练打这个事情，现在在说打的原理。没有练打。练打有一部分人就不能打，年龄大或者是身体有问题，或者是心里恐惧就不能干这个事情，因为打的时候你要破挨打这个关，对方打来你不能接，一接就是对抗，"你打你的，我打我的"是王选杰老师最重要的传授。这是大成拳特有的口诀，那实际上跟对方没关系。这个听懂了不容易。

如果用摸着这个，主要是抢了先机，他控制你。打人就是说拥着打，一定要抱着打。"你把它揽回来，揽到怀里打，别让他跑了。"就是揽回来打，那就要贴着，只有贴着才能揽回来打。不是像有的那样把对方推一下，把人推出去。过去老先生把人推出去，别人快倒的时候了一看对方还在他跟前。就是说不是把人放出去，放出去了还能起来，我把你放成这样，我还没离开你，还在你跟前追着你，这样才能追着打。不是你把他推出去他站起再来一下。我把你推得快倒的时候我就一直在你面前等着补这一下，始终不能离开。

肩和胯合，有老拳家讲练拳的时候，说把肩放到胯上。你怎么整体呢？因为从胯这开始人就断了。有些人你看他水蛇腰那就是胯这以后断了。有些人你看很僵硬，那就是胯这里不活就断开了。那站桩的时候就是得掖胯掖肩。实际上这也是刚才那个问题。只要你身是主宰，你这个身体拎起来，身指挥手臂，你整个身体指挥这个手臂它就是合的状态。肩和胯是个根本合。形意拳讲究除了肩胯，肘与膝要合，手足要合。那就是肩撑肘横，合上以后，它这种掖、勒，勒住以后把身体挺拔起来，你得有这种东西，有这个顶。这手呢，过去就说抽丝拉线，这个手上挂根线要挂到脚上，有这个东西。这是手与足合。就这个意思，有这个意思之后就要把这个意思丢了，再执着这个就不行。但是后来王芗斋先生说

第七部分 推手、发力、断手

无处不合。如果老这样练那个劲容易紧容易短,要避免练成那样子。那样的东西就是因为他一直要找身上合的这个东西,找出来的结果,那个东西到时候是身上很有劲,但是容易僵硬,身体僵硬了,心性亦会随之,生理作用于心理。

这两天我有一个老师兄七十多了,他现在想要重新学,给我发了个视频,我一看他很有功夫。按平常的理解他很有功夫,身上确实有功夫,那脖子也有那个东西。他站桩,我说:"你放松把肘打开,把肋亮出来。"只有肩撑肘横才能把胸肋之气打开。我们练的是神机气势,用胸肋之气要拥、要迎对方,你这样胸肋之气没有了,你纯粹是用这个拳脚在迎对方。我们练的神意之拳,他就练成拳脚之拳了,这是最大的区别。这个理要清楚!你起来以后是拿这个神对对方,而你这样是拿这个形对对方,你把大成拳的气象练跑了!这里边有一个问题,为什么他们会沉肩坠肘?他们太盲目,练大成拳的人,有些人看着厉害实际上不厉害,他太盲目了,也认为这样,其实他精神没有出来,你真精神出来,精神能用的时候这才起作用,精神跟对方能发生关系,这精神之拳才起作用。你说我精神怎么怎么样,盲目也不行,要能起作用。就是两个都要清楚。

问:试力与发力的区别?

答:试力就是试,发力就是发。试力是没有方向的,这个大家都不怎么研究。你看勾挫试力这个手,我先做这个勾挫试力(演示),要领就是我这手是没有方向的,没有往前,没有往后,不管它怎么位移,它不是有方向的,没有方向,才能有任何方向的用。

试力是没有方向的。试力的时候为什么说"慢优于快,缓胜于急",越慢它越让你体会它的无方向,你要快的话它自己都跑。实际上这个跑,它只是放大和身子动,它就像浮萍一样。为什么身若浮萍呢,它就跟浮萍一样放到水里边,它实际上没怎么动,它没有方向!所以说试意力。但练习都有动作了。过去有太极拳大师一个云手两个小时，老先生们试力，这个手拉了一个小时还没拉回来。这就是"静中寓动，动犹静"，静中之动。

发力就有方向。明确地往前或者明确地往后。就是不动的那个东西发出来。得对方之劲了，得假借之劲了，这是大成拳。这个就可以练出劲来，练出大家游戏的那种劲儿。所以说心性，心为什么强大，为什么厉害，就是你做这个东西，逼着你强大，你不强大你这一个动作完不了啊，你必须要好久这个动作才能完。它跟站桩不同，站桩你可以偷懒，你可以走神。这个你要一直在做这个事情，但是看起来又没做。经常做这个事情的时候，你跟对方搭手对方就很难适应了。

问：踩实和踩虚怎么理解？

答：就是消息全凭虚脚蹬，后腿虚虚地把身体放出去，不能实，因为它是支撑腿，支撑腿是虚腿。支撑腿把它虚开散发到前面去，我们平常认为支撑腿是实腿，实就是死，你用一条死腿怎么蹬呢？

要把机势练出来，不是劲，也不是动作。

问：咱们所要求的练习方法和传统的二争力手往前，身往后有啥区别？

答：这是自身形的二争，是基础，跟外界没有相应感知。应该是形和意是二争力，不是形和形二争。如果形和形争，在形的范围之内，他就有局限，如果是形和意争，就没有局限。如果对方一直追着你打，你只要形上争，等于自身做这个事情，精神没有和对方牵挂。为什么说"松、活、弹、抖"，什么拳这个发劲、那个发劲，你看两个人打架的时候，比赛的时候，那个劲跟这个劲全不一样，所有的漂亮的劲，所有看着威猛的劲都不能用，就跟你说的那个形的二争力一样，他是理解上的一个误差。打架的劲是自然出来的那种劲，你这个不是自然出来的。

第七部分　推手、发力、断手

问：应该把站桩和试力分开吗？

答：站的时候，第一个阶段，尽量不动。当你学了试力的时候，我刚才为什么跟他说"你可以动"，动是个过程。刚开始站桩的时候，你一定要不动，要体会身体和身外。第二个阶段，试力的时候，必须加强这个动，但是这个动的形要小。慢慢地到最后把这个融为一体的时候，第三个阶段这个不动就是真动了，就是真正有那个非常清晰的、很安静的觉知状态。就是我要看着你，周围什么都没有了，但是神气一直在笼罩着你。手是一点儿都没动。这个静止状态跟第一个静止状态不一样。站好了，一定是静止的，但是神气一定飞扬的。要不然就没有机，就不能打人了。

第一个阶段，你神气可以静止，形也可以静止，要体会这个东西，觉察、感知这些东西。

第二个阶段，你要体会那个动。第二个阶段的功夫就是，你让那个动慢慢地回归到真正的静。

所以动没问题，虽然动没问题，但还是在路上。

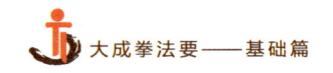

问：师父，接手的这个不动？

答：这个不动不是形不动。这不动是里边没有意识，它没有方向。我们说过手没有方向叫试力。发力手是有方向的。为什么我刚才让大家都讲一讲，就是要把这个次序讲清楚，一个是静止，一个是没有方向，这是前提条件，这是最根本的，离开了这个你讲什么都跟功夫没有关系，做不到。没有方向才有感知力，才能"因敌变化示神奇"。拳练好了，手没有方向才能听劲，才能粘连黏随。打人也一样，你没有方向，你不受对方力量大小的影响，因为你没有方向，有方向就有对抗。

问：师父，我问一个感知力的问题，当你对一个事情进行集中判断的时候，比如说做与不做，是不是心里感觉不舒服的时候就不做，或者心里感觉畅快的时候就可以，是不是可以这样训练感知力？

答：这是另外一个问题，跟打拳这个事情关系不大，

第七部分　推手、发力、断手

多立禅，让身体慢慢地脱离对心的控制，心越来越散开，这些问题都不是问题，不管是喜欢的、不喜欢的、舒服的、不舒服的，因为你是干净的，你可以照。它是舒服的，心就舒服，它是不舒服的，心就不舒服。身体有感觉，要松开。

问：师父，意力相逆的时候，脑子累是正常的吗？

答：累是因为你用意太重了，一点点，你用脑子判断这个，让它发生，让它发生在脑子之前。你看，我手出去的时候，我身体往下沉着出去。有个重要的东西，前进，我们说是沉出去，松着前进；后退的时候是放大回来。前进不是单纯往前，后退不是单纯往后，没有一个是绝对的东西，都是拿中在做这个事情，这就是"中土不离位"。前进的时候，后退的时候，散开了。它是中神放大，没有方向，不论前进、后退，都没有方向。要是懂了，你前进我也打你，你后退我也打你，你抬手我打你，你回手我也打你。很多人可能看不出来，你要是

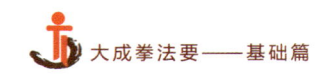

看出来了，你就不能动，也不能站，你站在那儿我就打你，你一动我也打你，你一伸手、前进、后退都得挨打，是这个东西。这是"打气"，打中气，中气散。就是没有前进、后退这种形式上的东西，没有这种固定模式。这个练到练不到没关系，要知道这个就不累了。这个东西在思维之先。不要思维动作，你做出来，回头一想："哦，是这样。"你不能想着这样。想着这样就是人为，做出来就是自然。

问：师父，您在前几讲中说的"闸式捶"？

答：开闸放水之势。练形意拳的老前辈，在练的过程中可能有心得了，他想表述这些东西。早时期的老书上还是"闸势捶"，后来，不懂的人改成"杂式捶"了，文化全让这些没有体认功夫的人给断了。势就是要把形融到神意里边，神意才能起势。

有人写文章说："拳就两个动作：一个起势，一个收势。"他说的没错。开始之前要把势起来，就跟写字一

第七部分 喂手、发力、断手

样，整篇就看第一笔，最后结束的时候要把那个势收回来，回到身体里，中间就是那个势的各种变化、各种运用、各种牵挂、各种假借。

问：我们讲"你打你的，我打我的"，和那些不会练的人的盲目乱打有啥区别？他们那个也是你打你的，我打我的。散打也是你打你的，我打我的，你打我踢我，我不管，我就打你。

答：咱们刚才已经讲了，站桩第一步要"静"，第二步练"动"，过了这两关还是"静"，"第三步的静"和"第一步的静"不一样了。我们说"你打你的，我打我的"，是不执着于对方的打，不是乱打。你打我，我有本能的反应、感知，让你根本就打不上，我不在意这个东西；如果是我接你一下，拦你一下，就是在意这个东西。我们讲的"你打你的，我打我的"，是超越了对抗的概念，我跟你不对抗，你打我，我看你的神气。我不执著你的拳脚，但是这个不管不是盲目地不管，不管而且还能解决这个事情，这跟那个乱打是天壤之别。

问：练太极拳中的"白鹤亮翅"一式，本能地会手往前，身子往后走，这对不对？

答：对百分之五十。就是因为不清晰这个事情。如果你不清晰，就不对。清晰了，遇到问题，你就会知道，你退的时候有千变万化的后续能解决这个事情；如果不清晰，就是身体的一个习惯动作。

手和身只能存在一个。你要是手往前，身上得没有；如果身上有，通过这个，牵动四两就能拨千斤了。只是手上有，到这儿（肘）后边就没有了，你可以无穷变化。或者是往前的时候，反而手没有了，就是虚手往前，后边身上的东西可以跟着，或者不跟，原地让它往前也可以。身、手只能存在一个。有手，就得无身；有身，就得无手。有手、有身，就是双重。练太极拳，双重就是病了，就是"未悟尔"，就是滞了。比如说，把对方拿整了，穿整了，两个东西才能穿起来。一个东西，你即使

第七部分　推手、发力、断手

把它穿起来，它也是活的。

问：师父，走摩擦步的时候，重心在前脚的时候，后脚要想象是拔起来的，像蹚泥那样从地里边拔起来？

答：好，这是一半，还有一半。

问：还有一半是什么？

答：还有一半，别在脚上考虑。另外一半在头顶上，上面有东西把头提起来，这样走。头如绳吊系，而不是头往上顶。顶上有个东西拉着头，就是意在身外；如果顶头，就是意在自己身上做这个事情，区别在这儿。理上一通，所有的问题都通了。如果理上不通，看着这儿通了，那儿通了，但是总有不贯通的地方。你要是想到身外，这事情就好办了一半。这个都很重要，练拳的时候，很多人是在自己身上拿着劲。

走摩擦步，第一步，走的时候，先让胯、膝、身上姿势要对，手按着；第二步，慢慢地，要走之前，跟外边就有这种关系了，姿势不重要了，跟外边的关系变得重要了，就像在水里边，这手要按得住，头要领起来，脚要拉着，前腿跟外边定住了，不能走的时候晃。慢慢地，走出感觉了，要把人融到一个虚的状态里，头顶不在自己的头顶，在上面的虚空里，脚要踏空，在空里边走，地就变虚了，我们说意和力就变成一个东西了，一层一层的。刚开始先稳着走。所有的东西都是要把身体融到虚空里，不能把这个东西弄实了，要把它灌到这个虚的里边，变成虚的东西，是这样走，这样做。我们说"以心行气，以气运身"，就是你要启动这个虚空之气，然后把身体放在虚空里，以虚空之气运这个身体，做这个事情。那站桩就是要站得跟虚空接上，你做动作的时候再不是这种形体动作，这个时候就是你随风飘荡。随风飘荡是意和力合起来的，形和意的不二状态，这个状态是浑圆状态，这个状态是中的状态，这个状态不执着，遇到东西过不去了它会变化，它就像树叶在空气里飘着，它能变。你如果用形，它变不了，就是自身形在变，只是变灵活，变灵活还是那个东西，我们说的这个变是没有方向的，它是感知的变，它是用对方，而不是自己的形体在那儿变姿势。这两个"变"是不一样的，一个变着用，一个是变姿势。

问：师父，那摩擦步摩擦的是什么呀？

答：摩擦步是全身跟空气之间产生的一个动态感知。最早的时候叫"擦拉步"，就是擦着地，这个名字容易让人误解成只是脚。名字要大，要抽象。意拳就容易让人误解成只是用意的拳，指向太明确。大成拳，它没有概念，它就是大成拳。螳螂拳像螳螂，蛇拳像蛇，很明确，明确就是局限。"擦拉步"后来就改成"摩擦步"了，摩擦步有个"步"字，容易让人想到脚，刚才说像蹚泥从地里拔出来，他就只想到了脚，我说只是一半，还有一半，他怎么能想到是头呢？实际上是全身。试力也是全身，摩擦步也是全身，站桩也是全身，所有的东西都是全身。摩擦步只不过你在走，跟地接触的东西是脚而已。

问：师父，我始终对虚体没有一个准确的概念。

答：先别求确定，一步一步地练。

问：师父，发力的时候是"缩展"还是"舒展"？

答：人舒展，发力的时候是"缩而发"，没有"展"。他要发力的时候，一缩就出去了。

问：发力的时候是有方向的吗？

答：发力的时候要有方向，要专注，专注一方。试力没有方向。实际运用时发力是控制以后，让对方没有变化的时候发力。因为我发力有方向，所以要让对方不能变化。如果对方能变化，我一发力，落空了怎么办？所以发力之前要有一个控制力，要不是手控制，要不是腿控制，要不是精神控制，就是要打对方的时候，对方不能变化，不能跑，不能有能力，打对方的一个无能状态。

问：是不是可以理解这个"缩"就是那个……的感觉？

答：别理解，好好在练中悟，就是缩。缩即是发，缩而发。

刚才演示的是咱们课上教大家的那种发力，这是最简单的，是最容易学的一个发力，因为手朝上。你看形意拳，练拳的第一个动作为什么手朝上，这是最容易的。这个手朝下就难点儿，你要是不管不顾，人就死（固）在这儿了。手朝上就死不了，它会变化，这个状态很容易就活了。只要手心朝下，马上就需要全身配合这个手，否则就形成不了浑圆之势。为什么过去人说，太极拳是长江大河滔滔不绝，一个太极拳一气演成；形意拳需要起、落、钻、翻，形意拳在这儿发力之后要断一下，但是高明的人也断不了，只是在形式上感觉要断，实际上断不了，即所谓劲断意不断。

这些理都要琢磨，要慢慢地琢磨，不只是用功夫，会了以后再用功夫，你不会的时候用功夫，又用到过去那种状态里边去了，要慢慢把它弄会，会了以后再用功夫还不容易？

　　有些人动心思太多，其他人虽然没说，暗地里动心思的也有，大家要慢慢地把动心思这个事情一定要去掉。儒家讲"止于至善"，要懂得"止"。你本来都会了，本来都清晰了，你非要挖个坑自己再往里跳一下，再把那麻烦的事情往里塞一下，你是为了什么？你自己认为心里没底，光想再清晰一下，实际上就止到这里，以此为清晰，不能再分别、延伸、节外生枝，不能再干这些事情，是不是？这个拳你要会练，要明白原理，理要贯通，遇到不清晰的地方，把这理要重新串一下，看能不能把它串清晰了。你走步的时候，看肩和胯合上没有，后腿虚蹬了没有，头领了没有，脚跟地有关系了没有，身上有没有拥这一下，这时候浑身都是法才行呢。手扶住，肩膀打开，而不是技术，技术就把人限定死到这儿了，我们练的是这种气，气象的气，但是这种气象要能用，就还得落到实处。

第七部分　推手、发力、断手

问：为什么说大成拳是打人的拳，而不是对打的拳？

答：一般拳术的立意都是防守反击、对抗的拳，有些拳术受儒家思想影响，它的每一动作、每一招式的建立都是在自保的状态下建立的。大成拳是无敌对、无念的拳法，它初级的训练是与对方相合，逐渐达到相应，最后达到精神的笼罩，所以严格地说，它是用对方，它只是借用对方一下，借用对方抒发自己的情感、当时的处境、境界。大概是这样。明白了这个道理以后，你所有的练都是为了用对方，用王老先生的话说，"抒发性情，发挥良能"，那么这个就清晰了。抒发性情，精神要浑圆阔大。各种训练要把自然本能的活力练出来，也就是把良知良能要练出来，这是为了"用"，用于人，用于事物，用于自己的身心，都是用的状态，这才是大成拳。所谓的"目中无人，心中无敌"，都是这个意思。平常人认为的"目中无人"是狂妄，实际上它是一种境界，一种状态。只有目中无人，才能无分别、无恐惧，才能发挥良能，才能抒发性情，才能与对方相合，才能不对抗。翻来覆去说的都是不对抗。这样的结果必然是打人的，而不是对打的。

问：王芗斋先生有言"持桩切忌死持一式"，请讲讲这句话的意思。

答：过去一些老先生站桩，他就一个动作，一个桩法，甚至他只站一面，比如说他只站左式，换个右式他都不愿意，他认为那样功夫就分散了。当你有这种功夫分散的想法的时候，说明已经偏离了，执着了。执着的结果，我们原来一直讲，功夫的对错都很厉害，只不过练错了以后就执着了，执着了以后心性就偏了，心性偏了就导致身心会出现一些问题。有些人年轻时用大功夫，晚年腿脚就不灵便，这都与一个面持桩，一个桩死用功夫有关。王老先生可能是针对此而言的。我们不但要用功夫，更重要的是要用功夫的境界和通达无碍的原理原则，境界明了以后，就可以这个桩这样站，那个桩也是这样站，都是一样的，不拘泥于站很多个桩，或是站一个桩，它没有分别了。一有分别就是执着，一执着就会出问题。

问：师父讲的回来的时候有手无身，但是又说回来的时候是"大身"这个地方有点迷糊，辛苦师父再讲讲这个地方。

答：不管去还是回，都是大身，都是意身，把身体融到这大意里边，这是一个原则。回来的时候，这个意分虚实，手是实的，后边是虚的，整体还是大身；去的时候正好相反，也是大身，只不过虚实变了。如果只考虑手和身体，就局限于手和身体，容易落到有形的身手上。我们说，身体是个整体，这个整体包括身外的无形和有形的自身，但是这个还得分虚实，虚实不影响这个大身——大的整体。

问：请问师父"摸着练"和"拥着练",跟手耍身和身耍手有关联吗?

答：说这个问题之前先说一下大成拳。我们说大成拳是本能的拳法,是良知良能的拳法,是守中用中的拳法,动静处中的拳法,大成拳里边没有摸着、拥着这些东西,但是我们为什么要说这些东西呢?因为没有这些东西,你入不到大成拳里边。大成拳是动静处中、有感即应的拳法,只有摸着练和拥着练的时候,容易把一个整体的灵性通过身手的这个入门的方法,让它活起来,把灵性给激发出来,把良知良能激发出来。先从身入手,以身用手,就是拥着练。当身有了感觉以后,我们再摸着练。为什么先练身呢?因为和手比起来,身是主体,身不容易练。当身有觉知力的时候,身就可以用手了,这个时候我们再摸着练,把手当身子来练,这样身、手就互为了。融会贯通以后,在身体的任何一个点上,定位就是身或者手,它就全身发生互相的变化。有些人练拳说腰是主宰,那我们站桩为什么讲究掖胯、畅胸?这

第七部分　推手、发力、断手

两个要领非常重要,大家很少知道为什么。只有掖胯的时候,腰的主宰就显现出来了,腰往上领着,不是腰凸出来,腰往前领着、提着,提的时候容易从腰那里分开,我们的肩膀还得掖着,掖胯、掖肩,这个胸就通畅了,这个身体就容易整。"整"的概念是什么呢?就是身和手脚的关系在一个合理的状态下、支配下、主宰下,只有你胸通畅了,肩膀有掖的感觉的时候,身才能用手,要不然身手就分不清楚。只有掖胯了,身和腿脚的关系也就清晰了。否则的话,又是一个不清晰的状态,好像成为互相连接的一个状态,只要清晰了,它就是互为根用的一个状态,互根、互用的状态。所有的状态都是练习入门的方法和手段,到最后没有这些东西,它是本能拳法,它最后就跟一个圆球一样,没有关节,也没有哪儿不是关节,哪儿都是平衡的,哪儿都是不用平衡达到平衡的一个状态,慢慢地就清晰了。

问：虚化是应该由外到内，让虚空融化身体，还是应该由内到外，让身体融入虚空？

答：你这个心思太微细了。就是让身体虚化，我们一直讲让身体虚化，虚化融到虚空，你这样理解就行了。

问：不太明白"胯断开"是怎么回事。

答：身是主体，肩、胯就断开了，否则就成为一体了，它是断开、一如的状态，不二的状态，它有个主宰，有个运用。就拿今天讲课的视频来说，就是动作的时候有上有下那种状态，就是肩胯断开、整体的状态。

问：接拳时，意在对方背后就能接住，不是太明白。

答：你要忽略对方打你这个事情，你把精神放大，就是目中无人，我们讲过，就是"面前有人似无人"，当这个事情不存在，就慢慢地适应，慢慢地过，实践一下就明白了。实践认识，再实践再认识。

第七部分 推手、发力、断手

第十三讲 原理与练习

原理与能力练习

前面讲了各种试力，试力的原理，身和体和手臂之间的运用关系。下面我们再明确讲一下试力的运用。身体有觉知，拿觉知的身体承接对方的时候，是身主体的运用。

手臂为主体的"崩拳试力"，重要的是只有手臂，没有身的状态，这是两个系统（一个是只有手臂没有身的系统，另一个是只有身没有手臂的系统）。只有手臂没有身，就是"身如火药，拳如弹"。拿身试力的时候，身是一个主体；现在则是以手臂作为一个实体，来回、前后运用的状态。然后练习有阻力情况下的运用。这时候就不能把力量堆积到身上，身上不能有，身上是空的，如同火药，它是一个虚的能量源，而不是一个实体结构的支撑。这个虚的能量源运用实体的手臂,这个实体的手臂又不是手臂,它是以气而凝的实体。过去练承接的时候,手是空的,用身;现在练打击对方的时候,身是空的,用手臂。这是两个状态。这样一来,身手之间都比较清晰了。

(动作示范)试力的时候,前边有个阻力,身体一堆积,就是支撑了,它不堆积,就是领着身上把它炸出去,我们上次讲的树枝的比喻是一样的。动作大是这样,如果动作小,所谓的惊炸力,就是一个点,身上所有的部位都如同火药一样,就不是一个有形的东西。有些人说,拳头打出去是枪劲,是直着这种劲,是支撑劲。它是像炸药爆炸一样发过去、送过去的劲。大动作是这种劲,小动作也一样是这种劲。这是有手没身的运用。我们练承接的时候是有身没手。承接非承接,是身之觉知原理与能力。打击非打击,是精神以拳脚任运的自如绽放。

我们已经说了,所有的以身运手,以手运身,都不是大成拳,都是学练大成拳假借的方便之法。大成拳不

第七部分 推手、发力、断手

执着于手，不执着于身，它是一个以精神为主宰的，运用身体拳脚的跟地、跟天、跟虚空融合一体的既接天又接地又离开地又离开天的一个不执着的运动。不能跟地发生对抗的关系，但是又不能离开地。戚继光所谓，"要轻灵稳固"。轻灵稳固的时候，一定是身体控制着四肢，这样才能轻灵。如果用这个稳固（脚与地实接），就不能轻灵。稳固不能轻灵，就是有我的状态，就是对抗状态。

原理与次第练习

站桩的原理。站桩的第一层功夫是把散乱的身体站为整体。没经过修炼的身体都是散乱的，通过站桩可以把它变成一个整体浑圆的状态一个是有间架、有结构的状态。有间架、有结构的状态就比散乱的状态力量完整、均整，但是它还是"有"的状态。我们练要从这个"有"开始，然后超越这个有，让这个间架结构没有，这才是大成拳。否则的话，有间架结构也是一个对抗的、自我

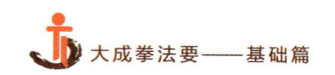

的状态。我们要练的是，间架由散乱到整体，由整体到无形，这个过程要清晰。这就是王老先生说的，"我让你这样练，你必须这样练，你当真这样练，那就错了！"实际上他是打了个禅机，他可能想给习练者留有自悟的空间。现在这样慢慢地就明白了。

拳经上讲"有上须有下"，很多人、武术家、学者从字面上理解有上须有下，实际上不是这样。它是说，以身体中枢运用"上"的时候，同时在运用"下"，这才叫"有上须有下"，任何时候不脱离它是个整体。"有上须有下"之意，须是身体主宰的平衡，而不是字面意义上的有上须有下，觉察动手之时也在动脚，以身运手，腰松开自然运脚，身主宰的整体浑圆运动。拳论有云，"一枝动，百枝摇"，亦此意也。这个要实践，只有这样才能慢慢真正地活起来，这个活是有打击力的活，有感知力的活，否则又是一个人为的状态。

有些人会问，既然前边讲的以手入身、以身入手的练习方法都不是，我们干吗不直接练"无手无身、身即是手、手即是身"这种方法呢？古人说了，你是阅尽天下文章之后，才能不着一字，尽得风流。就是你得经历过了以后，才能回复到平常。你不能说我没有经历过，我就是平常状态，那是不够的，那就回归不了，升华不了。曾经有人问师父："是这样吗？"我师父讲："不是，但你还须这样练。"

第十四讲　拳学修养的信条及生活中的练习

中国文化需要熏陶，需要从实践中认识，需要一个强有力的根基。两个人技击格斗，看似简单，它要求的东西很多。王老先生说：修养、信条是特别重要的，这是一个人实作、应用的最核心的基础，最核心的根基，也就是说它是实用生长的一个土壤。你看有些人吵架的时候，他理亏了，声音就小了。为什么有句话叫"理直气壮"呢？有理，他心气就容易满，就容易承载你的勇气。王先生说要养浩然之气。养浩然之气要有个信条。信条是什么呢？就是"尊长、护幼、信义、仁爱、智勇、深厚、果决、坚韧"，这是他拳学的一个总的指导思想。只有把心归到这种状态里边，他才能产生一个勇敢、果决、要用的基础。这怎么练呢？这是平时生活当中的修养功夫。对身法的要求，他讲的是"四容"——头直、

第七部分　推手、发力、断手

目正、神庄、声静（有些时候他说"气静"，都是一个意思）。我们平时练习的时候，很容易动手。我们一直说，把手臂从肩膀和身体断开。断开是什么概念呢？就是你用身体与敌周旋的时候，就要忘了手臂。这个时候你身体的前后左右运手的时候，手臂是被动地随着身体。这个听起来可能是很容易，要做到有些难，因为人们的习惯就是容易用手，但是只有断开了这个身与手，身与手互为，身能用手，手就和对方能产生连接，身就能通过用手用到对方了，这是跟对方连接的一个很重要的途径。王老先生最反对的就是，一拳一脚啦，招法啦，特别是套路、动作，他认为这是最害人的。他的修养是哲学思维，他的拳学是身体感知这种通道里边建立的，而不是普通人想象的学一个动作、学一个招法，学一个套路，那样是适得其反的方式和运动形式。明白这个道理的时候，就容易听进去这些东西，否则的话还在等待用什么动作，寻思怎么还不讲用什么招法、动作。

　　身体竖起来以后，为什么要头直呢？头直，才能让身体跟虚空通过头直这种方式连接起来，通过它的运动，它和空气的感知，就能练和参照物、敌人、外物的一个距离感应，时机感应，这种练法在生活当中处处都可以应用，这才是古人说的"道，不可须臾离"的一种练法，就是"拳拳服膺"的练法。

练这些的时候，王先生提出静、敬、虚、切、恭、慎、意、和八个要领。这八个要领就把自我的习气给断掉了，就让你融到与法相接的一个境界里边。有了这个基础，再重新体会站桩，重新体会试力，站桩的时候体会各个关节之间的控制关系、单双重、松紧、虚实、撑抱，然后自身的上下左右前后与外界的关系都可以体会。

上次在院子里我教大家试力和摩擦步，体会了一下动和静。我们说动是用那个静在动，静的时候又有动的机，知道这个动静之机的时候，才知道"动乎不得不止，止乎不得不动"的一种动静关系。为什么非要这样呢？王先生说"形不破体，力不出尖"。平常只要你一动就会有方向，一有方向就是出尖，也就是局部、片面、呆板；

第七部分 推手、发力、断手

一有方向就不是感知，就是人为，就想用劲。所以真正的功夫不是主观的，是自然形成的一种绽放，这种绽放要跟对方连接起来，自己的绽放以对方的连接为作用。我们游泳的时候，和水要有关系，实际上要用这个水，让身体发挥到一个状态；在空气当中的时候，大家要体会和空气的这种呼应，就是利用空气让身体松紧，虚实的状态，这个时候要体会发力、实作用力，他是舒发，不是一个强求的非要打出什么力量，他所有动作都是在相应状态下的连接，而不是说非要用力、不用力，他的用力和不用力，是一个均整的、自我舒发的状态，他是不期然而然的一个状态，不能说我自己非要用力，或者非要不用力，不是这个。知道了这个道理，用力的大小、速度和距离，都是跟对方相应形成的。这就是"动急急应，动缓缓随""有力无力""大气呼应""波浪松紧"等，都是说的这个问题。那么平时练习的时候就是"面前无人当有人"，是这样练，这是生活当中练习。

第十五讲 "面前有人当无人"的练习

如果有条件的话,选一个身体比较健壮有力的人作为陪练。这种练法有三步,每一步有三个简单的层次。我们先说第一步:是以对方为实,把自己虚化的练法,就是对方是一个实实在在的人,你通过这个实实在在的人,摸到他的身体,让自己全身的关节通畅,视对方不见,看他身后,就是缩而发,后边有一个保护,就可以发放一下。这个熟练以后,再进一步,就是让对方扶住你的大臂,用着力,慢慢地你就会把对方看空以后,把对方发出去,这个是对方抓住你,你变成死的,这样练习。第一步,对方是死的,你可以调整;第二步,对方把你拿死了,你在死的状态下怎么用;第三步,对方是活的,你也是活的。要拿你的时候,要在他欲接未触的状态,把对方发出去。

练习的每一个关都要过,而不能说我不必要这样,我可以那样。你可以那样没问题,那样解决问题了,等于这样没解决问题,我们把每一项、每一个基础都过关了,以后事情就好办了。